# 学級経営の 基盤を創る 5つの観点 と 15の方策

玉井康之・川前あゆみ・楜澤 実 著

G 学事出版

# はじめに

## 学級経営の基盤を創る5つの観点

玉井康之

　学級経営の概念は、集団としての学級がより良い学習集団・生活集団に発展していくための教師の組織的・計画的な教育活動であるが、その活動範囲は見えにくい要素を含めて極めて幅広い活動範囲を含んでいる。すなわち直接的な学級活動だけでなく、例えば、いじめ・学級崩壊の要因を取り除く取り組み、明るい学級環境・学習環境の雰囲気づくり、潜在的な子どもの心の把握と人間関係づくり、生活集団活動による社会関係づくり、等幅広く含んでいる。

　また教師や教師集団が見せる協働的な関係も子どもの模倣学習となり、学級経営に大きな影響を与えている。さらに保護者との連携や信頼関係づくりも学級の雰囲気に大きく影響を与えている。このように学級経営の要素は多岐にわたっているため、学級経営は極めて複雑で現象的には様々な方法がある。これらは一見学級活動には収まらないので学級経営ではないように見えるが、学級の集団的な関係力を高める重要な基盤である。

　このように学級経営の方法が多様にあるように見えても、学級経営の基盤を創る観点は揺るがないものがある。この基盤となる観点と理念的な方向性を見失わなければ、どのような学級経営の方法を採用しても、同じ方向に向かっていると言える。理念的な学級経営の基盤ができれば、その上に現象として見える学級経営の方法に優劣はなく、学級経営はより良い方向に向かっていく。学級経営をより良いものにする実践的な活動は、まず学級経営の基盤を創る観点をとらえ、その基盤の上に学級経営の方策が展開していくとみなすことが必要である。

　本書では、学級経営の基盤となる観点をⅠ～Ⅴの5つの観点で整理し、その上で観点ごとに重要となる15の対応方法をとらえた。5つの観点は、【Ⅰ学級崩壊の兆候と要因を取り除く】【Ⅱ 明るい学級環境の雰囲気を創る】【Ⅲ 潜在的な子どもの心をとらえる】【Ⅳ 生活集団活動を通じて社会関係力を高める】【Ⅴ 教師の協働的な関係力を見せる】の5つである。この5つの観点の必要性をまとめて言うと、学級崩壊の兆候を早めに察知して、明るい学級

をつくり、個々の子どもの心にも寄り添いながら、集団的な活動に取り組んでいくとともに、教師間の模範的な協働性を見せていくことが学級経営の基盤になるということである。

【Ⅰ 学級崩壊の兆候と要因を取り除く】という観点は、学級崩壊の兆候を早めに察知し、その要因を予防的・初期的に取り除くことが学級経営の基盤になるということである。またいじめの問題も学級崩壊の兆候としてとらえなければならず、いじめの問題を放置して学級経営はうまくいかない。どこかでいじめの問題が生じているときは、見えない疎外感が背後に意識され、学級経営はうまくいかないからである。

学級崩壊は現象としては教師への反発に見えるが、学級崩壊の背景としての要因は、教師に反発しているだけでなく、子ども同士が反目し合っている状況がほとんどである。その反目し合っている中で、子どもの不公平感や教師から理解されていない感情の不満が教師に向かっていく場合が少なくない。教師への反発に対しては、逆に潜在的な子ども同士の横の関係を意識的につくることをしていかなければ、学級崩壊の潜在要因は取り除くことはできない。

またいじめの現象は、特定の子どもの間で起きているように見えるが、希薄な人間関係の中で、疑心暗鬼になった関係が、特定の子どもを対象にして集中的に起きてくる。そのためこのいじめ問題を解決しようとする教師の姿勢と子どもへの働きかけがなければ、表面的に収まったとしても、教師の見えないところで噴出する。このことは弱肉強食的な雰囲気をつくりそのまま学級崩壊の要因となる。すなわち学級崩壊問題といじめ問題は極めて密接な関係が背景にあると見てよい。

この第Ⅰ部では、「学級崩壊の要因を克服する対応」「希薄な人間関係によるいじめの構造把握の対応」「いじめ問題を意識した予防的人間関係の対応」を重要な方策として取り上げている。

【Ⅱ 明るい学級環境の雰囲気を創る】という観点は、学級を明るくするための活動を意識的に取り入れることが学級経営の基盤になるということである。全国どこでも「明るく、楽しく」の学級テーゼを永年掲示している学級は少なくないが、このことは学級が明るくなければ学級経営が成り立たないという不易の要素であることを示している。学級を明るくするためには、時

には教室装飾や教室環境を楽しい環境にすることも必要であるし、楽しい学級行事を実施して楽しい雰囲気を創ることも必要である。また多様な子どもが相互に認め合うことも楽しい雰囲気の条件であり、そのための学級ルールも必要である。さらに学習活動についても、多様な到達度の子どもがそれぞれの個性と良さを生かし、内発的動機を高めていく学習ルールを発展させていくことも楽しい学級の要素である。このような学級環境整備・学級行事・学級ルール・学習ルールなどを通じて楽しい雰囲気を創ることを意識的に追究することが、学級経営の基盤となる。

　この第Ⅱ部では、「教室環境整備・学級行事開催による雰囲気づくりの対応」「認め合う雰囲気を創る学級ルールづくりの対応」「内発的動機づけを高める学習の相互理解と学習ルールづくりの対応」を重要な方策として取り上げている。

　【Ⅲ 潜在的な子どもの心をとらえる】という観点は、表には出さない潜在的な子どもの心をとらえようとする教師の姿勢が学級経営の基盤になるということである。とりわけ小学校高学年以降からは、社会的な立場や周りからの見られ方を意識するようになるので、内面的な心を表面には出さないようになる。子どもは、表面には出ていないから問題がないのではなく、逆に表面に出さない心を理解して欲しいと強く願うようになる。そのため、潜在的な不安心理等をとらえようとする教師の姿勢が、学級での子どもの安心感につながる。近年はSNSが広く浸透しているため、SNSで潜在意識を発散する傾向も強いが、SNSでは満足できない居場所としての学級での潜在的な子どもの心をとらえることが学級経営の基盤になる。そのためには、担任だけでなく、学校全体の組織的な教育相談も必要となり、担任を超えた子ども指導の連携も不可欠になる。このような潜在的な子どもの心をとらえようとする教師の意識的な対応が、安心感をつくる学級経営の基盤となる。

　この第Ⅲ部では、「子どもの潜在的な不安心理をとらえる対応」「SNS利用による潜在的な人間関係のゆがみへの対応」「学校関係者の組織的な教育相談の対応」を重要な方策として取り上げている。

　【Ⅳ 生活集団活動を通じて社会関係力を高める】という観点は、体験学習や遊び集団や自立を目指す活動などの学習活動以外の生活活動が社会関係力を高め、学級経営の基盤になるということである。学級集団を含めて人間の

集団は様々な能力を共有したり補完しながら成り立っており、子どもの多面的な能力を含めた社会関係力を高めていくことが学級の集団にとっても必要である。体験学習活動も、学習活動以外の多面的な能力を伸ばし、生活対応力を高めていく。また遊び集団も一緒に遊ぶ中で、無意識のうちの一体感や多面的な能力を相互に評価する互恵的な意識を高めていく。とりわけ身体を動かす活動は一体感を高めやすい。また最終的に自立を目指す社会的な役割・責任感を醸成していくことは、学級の中での各人がそれぞれの社会的役割を果たすようになり、学級経営を集団的に支える条件となる。生活集団活動は、個々の子どもの生活対応力や社会関係力を高め、また自立的な社会的役割・責任感を高めるために、子どもの集団を群れから集団に発展させる。この生活集団活動による社会関係力の育成が学級経営の基盤となる。

　この第IV部では、「生活対応力を高める体験学習づくりの対応」「社会関係力を高める遊び集団づくりの対応」「自立を目指す社会的役割・責任感の育成の対応」を重要な方策として取り上げている。

　【V 教師の協働的な関係力を見せる】という観点は、教師間の協働的な関係力が後ろ姿で模倣学習となるとともに、実質的にも教員間の補完的な学級経営を支える基盤になるということである。教師の学級経営・学習指導の方法にも様々な方法があるが、すべての多様な子どもに一人で対応することはかなりの困難を伴う。そのため教師同士が相互補完する方が、教師自身も精神的にも時間的にもゆとりを持って対応することができる。また教師が相互に協働している姿を子どもが見ることは、子どもが協働性の重要性を無意識に学ぶだけでなく、多様な教師に助けを求めることができるという安心感にもつながる。教師の指導方法も多様に存在するが、それぞれの独自性を教師が相互に尊重する姿を見せれば、子どもも多様な方法があることを受け入れられる条件となる。また保護者とも情報交換を進めながら、学級活動がまとまるための協力を依頼していくことは、側面から学級を支える条件となる。このような学級担任だけではない教師集団や保護者との意識的な協働的な関係づくりが、子どもの模倣学習効果を高め、学級経営の基盤となる。

　第V部では、「教師集団の協働的・補完的雰囲気づくりの対応」「教師の信頼感を高める雰囲気づくりの対応」「保護者・子どもとの情報交換と信頼関係づくりの対応」を重要な方策として取り上げている。

　以上の５つの観点が多様な学級経営を支える重要な観点となる。すなわち、1.学級崩壊の兆候と要因を取り除くこと、2.明るい学級環境の雰囲気を創ること、3.潜在的な子どもの心をとらえること、4.生活集団活動を通じて社会関係力を高めること、5.教師の協働的な関係力を見せること、が学級経営の基盤として意識されることで、その上に成り立つ様々な学級経営の方法が展開していく。

　学級経営は、人それぞれ多様な方法があって定式化できないと言われるが、様々な方法を展開する上でも、根本的な学級経営の基盤は同じであり、この学級経営の基盤を創ることが重要である。この学級経営の基盤を創る観点を持ち、それを実現する方策を意識的に追求していけば、その上に展開する学級経営の方法は多様に発展していく。

　本書で取り上げる15の方策は、５つの観点を実践する重要な方策であるが、学級経営の基盤を創る５つの観点を見失わず、そのための方策を中心的に推進することで、学級経営の実践はさらに発展的に広がっていくことであろう。

# I

# 学級崩壊の兆候と
# 要因を取り除く

# 序　学級崩壊やいじめ等の問題の兆候と要因を取り除くことはなぜ必要か

棚澤 実

　「学級崩壊」という言葉が、マスコミで取り上げられてから20年以上、また、「いじめ」の問題が大きな社会問題（1986年2月に東京都中野区の中学校で起きた「いじめによる自殺」事件）として取り上げられてからは、30年以上になる。「いじめ」については、これ以後、件数の増加や深刻化を伴いながら現在に至っている。

　「学級崩壊」については、当初、原則、小学校で子どもたちが、

・チャイムが鳴っても教室に入らない。
・授業中、私語が多く、よく中断させられる。
・授業中、頻繁に立ち歩く。
・教師の質問や指示を無視する。
・教師の注意や叱責に反抗する。
・暴言を吐いたり、わざと騒音を立てたりする。
・他の子にちょっかいをかけたり、いたずらをしたりする。

などにより、学級担任による指導が機能せず、授業が成立しない状態として認識された。中学校では教科担任制であるので、学級を担任する教師と子どもたちの関係が崩壊したとしても、その学級のすべての授業が成立しないわけでもないという実態があることから、「授業崩壊」と言われた。

　「教師の指導」や「子どもの抱える事情」、「学校としての関わり方」、「保護者の家庭での状況」等、背景は様々であるが、いずれにしても、授業や学級としての機能が働かず、集団としての生活が成立しない状況が続き、学級担任による通常の手立てでは、これらの問題が解決できない状況を指している言葉である。

　当時、文部省（文部科学省の前身）では国立教育研究所（国立教育政策研究所の前身）に委託して「学級経営研究会」を設置し、小学校へ「学級崩壊」という状況についての実態調査を行っている。1999年9月、同研究会に

よる中間まとめとして公表された報告書の中で、次のように定義している。

　　「学級崩壊」という呼び方は事態の深刻さを強烈に意識させる響きを
　　もつ言葉ですが、複雑な状況をじっくりと多面的に捉えていく姿勢を弱
　　めてしまう危険もはらんでいます。したがって、本研究では、中間まと
　　めとしては「学級がうまく機能しない状況」という呼び方をします。そ
　　れは「子どもたちが教室内で勝手な行動をして教師の指導に従わず、授
　　業が成立しないなど、集団教育という学校の機能が成立しない学級の状
　　態が一定期間継続し、学級担任による通常の手法では問題解決ができな
　　い状態に至っている場合」を指しています。（－線は筆者）

　このような「学級崩壊（「学級がうまく機能しない状況」以下「学級崩
壊」と標記)」は、経験豊富な教師が担任であったとしても起こっており、
これまでの指導が通用しないという現実にさらされたのである。
　また、このような状況は、
　・一人の子どもによって（一つの要因だけで）起こされているものではな
　　い。
　・教師個人の指導力だけに問題があるというものでもない。
　・変容していく子どもたちへ、教師をはじめ、保護者や周りの大人が協力
　　して対応していかなければならない問題である。
という特徴をもつ。
　「いじめ」の問題については、現在も毎年のように繰り返される「いじめ
による自殺事件」の発生が、この問題の根深さや解決の難しさを表している。
　「いじめ」の定義は、時代とともに少しずつ変化してきているが、2011年
10月滋賀県大津市の中学生の自殺がきっかけとなり、2013年6月には「いじ
め防止対策推進法」が制定、その後、2017年3月に「いじめの重大事態の調
査に関するガイドライン」が策定される。これらは、「いじめ」の問題に向
き合い、対処していくための、基本的な理念や体制を定めた法律であり、社
会総がかりで取り組む必要があることを明確にしたのである。
　また、「いじめ」の問題へ寄与できるようにとの考えで、今次学習指導要
領では、改定の目玉の一つとして、これまでの「道徳の時間」が「特別の教

科　道徳」になり、先行実施されるなど、様々な取組についての効果が、今後期待されている。

　いじめの構造は、「被害者」「加害者」「観衆」「傍観者」の四層構造であり、「被害者」「加害者」への対応はもとより、「観衆」「傍観者」の行動を変化させていくことが、「いじめ」という行動を抑止する上で、大変重要な役割を有する。

　しかし、この「傍観者」は，次に自分が「被害者」へと陥れられることへの恐れがあるため、学級の中で抑止力となるのは、難しい状況がある。一方で、「仲裁者」も仲介することにより，いじめられる「被害者」になりかねないとの強い不安がある。いずれの立場にしても、消極的にならざるを得ない状況にあるということである。

　このような状況をどのように打開していったらよいのだろうか。「学級崩壊」にせよ、「いじめ」にせよ、先に述べた社会総がかりで、チームとしての取組が欠かせない。

　第1章では、「学級崩壊」の社会的背景や要因と予防について、第2章では、「いじめ」の問題の背景や構造把握と早期発見及び、対応について、第3章では、「いじめ」の問題における初期対応や予防的な人間関係の対応について述べている。特に、「学級崩壊」や「いじめ」及び、「両者の密接な関わりによる問題」の理解、未然防止、早期発見や起こったときの組織としての初期対応、継続指導のあり方などについても具体的に述べているが、まず大切なことは、「我々教師は、教育のプロである。」という強い自覚をもつことである。「教育のプロ」は、子どもが起こす、発する少しの変化も見逃さないのである。見逃さないから、素早く対応できる。これが、学級経営の基盤づくりにつながるのである。

　「学級崩壊」を例にすると、先の国立教育研究所の調査では、「10のケース及び類似ケースの考察から引き出された対応策」としての報告もあり、その中で

　・「教師の学級経営が柔軟性を欠いている事例」
　・「授業の内容と方法に不満を持つ子どもがいる事例」
の二つが、他のケースに比べ、大変多いという結果であったことに、注視する必要がある。

　つまり、教師の問題だけではないが、子どもの実態は時代とともに様々な社会的背景によって変化していることを、まず、教師一人一人が理解し意識することが重要である。そして、子どもの実態や心情に寄り添い対応できるような柔軟な学級経営をしたり、学習意欲が持続する魅力的な授業をつくる能力の向上に努めたりすることが、今後さらに強く求められているのである。

　「学級崩壊」も、「いじめ」の問題等についても、早期発見や未然防止が鍵を握る。

　教師は、

・このような問題行動が、集団生活の中で起こるという意識をもつこと
・集団生活における同調行動から逸脱した者を集中的に攻撃するという子どもたちの不自然な、小さなからかいや嫌がらせ等の兆候を察知できるようアンテナを高く掲げておくこと
・問題の背景を的確にとらえ、起こっている現実を表面的に理解することなく、「根深いものがあるのではないか」などと、潜在的なものの存在を見極めること

が必要である。

　これらの問題に、目を背けたり、隠したり、忙しさゆえに先延ばししたりすることは、状況悪化につながる最悪の事態を招く結果となるのである。

**参考文献**

国立教育研究所学級経営研究会編『学級の経営の充実に関する調査研究最終報告書』国立教育研究所、2001年

# 第1章　学級崩壊の要因を克服する対応

玉井康之

## ポイントと対応課題

①学級崩壊は教師の指導力だけが要因ではなく、社会的背景も変化していることを踏まえておかなければならない。

②学級崩壊の一つの要因として、特別支援を要する子どもたちへの対応に課題があることによる場合がある。

③教師は学級崩壊誘因である１）子どもの気持ち・感情を理解しない、２）えこひいきがある、３）実際に問題ある子を叱れない、等を意識しておく必要がある。

④近年の若手教員の学級崩壊は、反抗型と馴れ合い型では、馴れ合い型が多くなっていることを認識しておかなければならない。

⑤学級崩壊は、現象として教師と子どもの対立に見えるが、その背後に子ども間の希薄な人間関係や対立があることを見ておかなければならない。

⑥学級崩壊を予防するために、意識的に子ども同士の集団関係づくりを進めていく姿勢と心構えが必要である。

⑦学級崩壊を予防するために、組織的・集団的な学級の機能と集団づくりを進めていく必要がある。

⑧学級崩壊を予防するために、子どもたちの授業への関わり方や参加意識を高める指導方法を取り入れるなど、授業の仕方を変えていく必要がある。

## 1. 学級崩壊現象と崩壊しやすくなった社会的背景

### （1）学級崩壊現象として見られる行為

　学級崩壊現象は、1990年代頃から急速に増えた現象である。学級崩壊を印

象づける現象は色々あるが、総じて文部科学省の定義では、「子供（達）が教室内で勝手な行動をして教師の指導に従わず、授業が成立しない学級の状態が一定以上継続し、学級担任による通常の手法では問題解決ができない状態に立至っている場合（学級がうまく機能しない状態）」を指している。

具体的な子どもの行為としては、学年によっても異なるが、以下のような行為がある。

**学級崩壊現象として見られる行為**

| | |
|---|---|
| ・先生の指示や質問を無視 | ・陰口・仲間はずれ |
| ・激しい私語や奇声 | ・激しいけんか |
| ・授業中の抜け出し、立ち歩き | ・まじめな者がいじめられる |
| ・授業中の悪ふざけ | ・壁・窓・物などが破壊 |
| ・先生の注意に反抗 | ・教室に入らない |
| ・先生の揚げ足とり | ・朝会に出ない |
| ・先生に反抗するときだけ一致 | ・教科書を持ってこないか出さない |
| ・先生にひいきしていると攻撃する | ・教科書が教室の中で氾濫 |
| ・ごみの散乱 | ・教師に「わかんなーい」と聞き返す |
| ・マジックの落書きやいたずら書き | ・体育以外の授業へのブーイング |
| ・授業中のゲーム・漫画 | ・提出物を出さない |
| ・授業中の筆談やメモの交換 | ・授業中に寝る |
| ・勝手な飲食（飴・ガム）や給食 | ・下に寝転がる |
| ・係り活動は停止 | ・授業中の音楽 |
| ・友だちの発言をなじったり笑う | ・プリントを破って捨てる |
| | ・授業中のいやがらせ |
| | ……etc |

※図表は筆者作成。以下同様。

これらの学級崩壊現象に共通する崩壊内容は、1）子どもたちと教師との信頼関係、2）子ども同士の人間関係、3）学級のルール遵守の関係、4）子どもたちの学習を相互に守る関係、が崩壊していることである。

## 2. 教師の問題だけではない学級崩壊現象の社会的背景

学級崩壊現象は、しばしば教師の指導力の問題にされるが、社会的背景が変化して、学級崩壊現象が起きやすくなったことも踏まえておかなければならない。

学級崩壊の社会的背景としては次のような要因がある。

**学級崩壊現象が起きやすくなった社会的要因と変化**

| 社会的要因 | 現象を引き起こす具体的理由 |
| --- | --- |
| １）家庭のしつけなどの低下 | 家庭のしつけが弱くなるとともに、子ども自身の兄弟げんか等の人間関係が減少した。 |
| ２）地域異年齢集団等の遊びの減少 | 異年齢・異文化の特性を持つ子どもの集団的な関係づくりの経験が減少した。 |
| ３）先生の社会的地位の後退 | 先生の威光や権威がなくなり、保護者も教師を低く見る風潮が拡大した。 |
| ４）受験動機や学習動機が低下 | 高校・大学に入るための受験動機や、「勉強は楽しくなくても行う」という価値観も低下した。 |

　このような社会的背景も変化しているために、学級崩壊現象も起きやすくなっている。またアスペルガー症候群・ADHD・高機能自閉症等の発達障がいを有している子どもたちも増えている。これらの特性を有する子どもは、自分が認められているかどうかで相手に対する信頼感や親近感を直感的に判断する傾向にあるため、子どもたちをほめることを基本としながら、時には、優しく叱ったり、なだめたり、聞き取ったりしながら、場合ごとに微妙に使い分けた指導を進めていく必要がある。

　文部科学省の学級崩壊に関する調査結果でも、どのような先生が担任しても難しい場合があることを指摘している。困難な課題を抱える子どもの指導は、ベテラン教師等が担任を受け持つ場合が多いが、ベテラン教師や指導力がある教師でも、必ずしもうまく指導できるわけではない。また特別な教育的配慮や支援を必要とする子どもがいる場合は、それに対する独自の指導方法を取り入れていかなければならない。

## 3. 学級崩壊の担任教師の特性として意識しておくべき課題

### （1）担任教師による学級崩壊の誘因

　社会的な背景によって、学級崩壊現象が起きやすくなっているが、教師の側も学級崩壊が起きないような予防的配慮が求められる。

　教師に起因する崩壊の大きな理由では、次のようなものがあり、教師も留

意しておかなければならない。

**学級崩壊を誘発する担任教師の特性**

| | | |
|---|---|---|
| 1）子どもの気持ちを理解しようとしない | 6）教師の勝手な振る舞いが多い | 11）子どもをほめない |
| 2）えこひいきや不公平な対応が激しい | 7）子どもに問題の責任を転嫁する | 12）女子だけまたは男子だけ強く叱る |
| 3）子どもの問題ある行為を叱れない | 8）教師の社会的常識を疑われる | 13）万事いい加減な態度 |
| 4）子どもの問題ある行為を指導できない | 9）係活動をさぼっても注意しない | 14）頻繁に自習にする |
| 5）授業が単調的である | 10）授業中の騒ぎを放任する | 15）機械的にルールを振りかざす |

　このような傾向は学級崩壊を引き起こす絶対要因ではないが、起因する要因をつくらないように、教師自らも留意しておかなければならない。

## （2）学級崩壊の教師の要因としての二つのパターン

　子どもたちが反発したり統制が効かなくなる教師のパターンを、二つに分けてみると、①反抗型と②馴れ合い型に分けられる。①反抗型は、子どもの自主的な集団づくりよりも、先生の元にすべてを管理する強権的指導型である。これは古くからある生徒指導タイプである。

　もう一つの②馴れ合い型は、先生が生徒に対して、友だち感覚的で接していく場合である。このパターンでは、先生と生徒の1対1の関係で学級運営が進められる場合が多いが、集団の関係が進まず、子ども同士の嫉妬や不公平感ができた場合には、急速に崩壊していく。近年はどちらかというと、若い教師を中心として、馴れ合い型の崩壊が多くなっている。このため、教師が授業や集団生活や遊び時間などの区別とけじめをつけること、またけじめを守らせることを、意識して指導していく必要がある。

　現代の子どもたちの人間関係の特徴は、少数派になることが怖いということが基底にあるため、良いことも悪いことも、多数の雰囲気に流されてしまう。そのためいったん悪い方に全体の流れが動き始めると、それを止める子

どもも現れずに流れが急速に加速されていく。

### （3）子ども同士の希薄な人間関係がもたらす崩壊のプロセス

　学級崩壊は子どもたちが教師に同じように反発するので、子ども同士はまとまっているように見える。しかし実は、学級崩壊が起きる場合には、子どもたちはむしろばらばらになっている場合が多い。子ども同士が本当に日常的に結びついて相互協力的な雰囲気や集団的な居場所がある場合には、学級崩壊は起こりにくい。逆に子ども同士の関係が希薄で、いがみ合ったり疑心暗鬼になっている場合には、それぞれの子どもの不安や不満が生じ、何かのきっかけで、不満を放置している教師に矛先が向けられることもある。

　子ども同士の人間関係が希薄である場合には、子どもも孤立すると不安になるので、集団内部において小グループ化が進み、小グループ同士が排他的になったり、反目し合ったりする。この小グループ間の対立を調整して、大きな集団をつくることができなければ、それぞれの小グループが先生に対して、不満を持つようになる。

　逆に学級崩壊を起こさないようにするためには、学級全体の助け合いや子どもたちが意識的に交流することのできる集団づくりを繰り返し呼びかけていく必要がある。その際には、統一的な学級集団づくりを焦らないで呼びかけ続けることも必要である。学級集団づくりは、小さな集団が重なり合って、友だちの友だちは友だちであるという関係づくりを広げながら、徐々に大きな学級集団づくりを図っていくことが、長期的には、信頼感と相互協力的な学級集団づくりの条件となる。

## 4.　学級崩壊の予防としての学級のまとまりをつくる姿勢と心構え

　学級のまとまりをつくるためには、それを進める教師の姿勢が子どもたちにも無意識に伝わるので、子どもたちの集団づくりを進める教師の姿勢と心構えを意識することが重要である。

　学級のまとまりをつくるための心構えは以下のような内容である。

**学級のまとまりをつくるための教師の姿勢と心構えに関する要素**

| 姿勢と心構えの要素 | 具体的内容・理由と教育効果 |
|---|---|
| 1）担任の集団に関わる教育方針を伝える | 子どもへの思い・期待や教育方針を伝えることによって、子どもも担任の意図を理解していく。 |
| 2）子どもの集団づくりのルールを伝える | 子ども同士の集団生活のルールや友だちとの付き合い方や喜びや正義感も伝えていく。 |
| 3）教師の人間関係の経験や人生観を語る | 経験・人生観を語ることで、教師も様々な経験を乗り越えて人間関係をつくったことが理解できる。 |
| 4）対立した子ども同士の関係修復を進める | 子どもの不満をとらえながらも、相手との関係を修復していくような方法を伝えていく。 |
| 5）子どもの学級への不満や思いを把握する | 学級は楽しいかどうか、不満や悩みはないか、など、思っていることを把握する。 |
| 6）子どもの会話や冗談の中に入る | 子どもの会話を聞いたり、冗談を言ったり聞いたりする雰囲気を創る。 |
| 7）けじめの重要性は何度でも伝える | 授業や集団活動時は、冗談を言う時ではなく、教師の話を聞くなどのけじめをつけるように言う。 |
| 8）子ども同士の挨拶を奨励する | 人間関係の出発点として挨拶は重要であることを伝えていく。 |

　このような教師の姿勢と心がけによって、少しずつ子ども同士の関係も意識されるようになり、学級集団の雰囲気も関係づくりを重視するようになっていく。

## 5. 学級崩壊を予防する具体的な学級集団づくり・組織づくりの考え方

　学級のまとまりをつくるための教師の姿勢や心構えと並行して、教師の学級崩壊を予防するために、学級集団づくり・組織づくりも進めていく必要がある。人間関係づくりは、個人的な関係から出発するが、同時に組織集団の枠組みや役割分担のシステムからも、人間関係をつくって広げていく必要があるからである。

　学級の組織づくり・集団づくりの方策として重要なことは次のような点である。

**学級の組織づくり・集団づくりの姿勢と考え方**

| 学級組織づくり・集団づくりの配慮と観点 | 具体的な内容・理由と教育効果 |
|---|---|
| 1）学級の役割分担を多様に設定する | 学級の役割を多様に設定し、一人一人に学級の担い手であることを意識させる。 |
| 2）班長・委員長任せにせず、運営方法を支援する | 学級の班長・委員長等の機能が高まらなければ学級はまとまらないため、中間リーダーの相談に乗り支援していく。 |
| 3）班替え・席替え | 子どもが色々な人と仲良くなれるような、班替えや席替えを行う。 |
| 4）楽しい学級レクレーション等を設定する | 楽しい活動は、人間関係づくりや集団づくりを促進するので、意識的にレク等の時間を設定する。 |
| 5）学級アンケート等を実施する | 学級実態・意識等を把握するアンケート等を実施し、学級の居場所・関係性・参加意識・授業意欲等を把握する。 |

## 6. 授業の中での指導方法を変えていく姿勢と考え方

　学級崩壊はしばしば授業中に崩壊現象が起きるが、日常的な学級づくりと同時に、授業の中での子どもたちの参加意識を高めるために、授業のあり方も変えていかなければならない。

　授業を変えるための姿勢と考え方としては、次のようなものがある。

**授業を変える考え方と教育効果**

| 授業を変える考え方 | 具体的な内容・理由と教育効果 |
|---|---|
| 1）理解が遅い子どもにも個別に声かけする | 一斉指導の中で、理解できない子どももいるので、個別に子どもが分かったかどうか声をかける。 |
| 2）指示・注意方法を変える | 子どもからみて理由の分かる指示内容に変えたり、強制的な表現を変えるなど、指示内容が伝わりやすい表現にする。 |
| 3）グループワークを取り入れた授業 | 簡単な内容で、チームでやれるグループワークを取り入れて、チームワークを高める。 |
| 4）間違いや意見の違いを認め、評価する | 間違いや意見の違いを次につなげるなど、多様な意見が出やすい雰囲気を創る。 |

| 5）個々のつぶやきとの<br>対話も重視する | 子どものつぶやきにも反応し、対話のある授業を心がける。 |
| --- | --- |
| 6）授業中に叱るときは、<br>行為のみ叱る | 叱るときは、子どもの人格や性格ではなく、行動に焦点を絞って叱る。 |
| 7）教科書にない楽しい<br>身近な内容を導入する | 教科書の授業内容だけでなく、身近な内容で、教科書と離れた楽しい内容も時々取り入れる。 |

　授業は、一つのパターンの中で、教える内容も定まって展開する場合が多いが、授業の中でも様々な内容・方法を変えたり、子どもの集団づくりを意識的に追求することで、授業における学級集団づくりも進めることができる。学級集団づくりは、授業と授業以外の両方を並行して進めていかなければならない。また一斉指導だけでなく、個々の個別指導と併せて指導していかなければならない。

　さらに、個々の担任でも難しい場合も少なくなく、教師同士のフォローアップがこれからは不可欠となる。指導困難な子どもへのフォローだけでなく、教師同士の学級支援が重要になる。例えば、荒れたA学級に対して、別のB学級の先生が、A学級の子どもたちに、「A学級の担任の先生の意図はこんなことだと思うよ」というフォローアップを行ったり、指導困難な子どもに、教師がチームを組んで集団指導を行うことが重要である。

# 第2章　希薄な人間関係による いじめの構造把握の対応

玉井康之

## ポイントと対応課題

①いじめ問題の背景として、人間関係の希薄化があること、いじめを解決するために人間関係づくりが不可欠であることを意識的に追求することが重要である。

②人間関係が希薄であるほど、表面的に合わせるために、いじめが集団化しやすいことも認識しておく必要がある。

③いじめは、直接的な関係者だけでなく、観衆と傍観者がいることを認識しておく必要がある。

④いじめは、希薄な人間関係の中では集団化していく傾向があることを認識しておく必要がある。

⑤いじめは、教師にはそもそも見えにくいことを意識して、いじめられっ子のタイプも含めて洞察力を高めることが重要である。

⑥いじめられやすいタイプがあることを教師が意識することは、いじめを早期に発見する一つの視点である。

## 1. いじめの動機と現代的な傾向とは何か

　いじめもけんかも、現象としては人間関係をうまく結べないときに生じるもつれを示すが、いじめとけんかは、理念的には区別されている。元々の文科省のいじめの定義では、「1 自分より弱い者に対して一方的に、2 身体的・心理的な攻撃を継続的に加え、3 相手が深刻な苦痛を感じているもの。なお、起こった場所は学校の内外を問わない」と定義されていた。この弱い者への攻撃を継続的に加える点がけんかとの違いを端的に示すものである。ただ、2006年以降の文科省調査では「当該児童生徒が、一定の人間関係のある者から、心理的、物理的な攻撃を受けたことにより、精神的な苦痛を感じている

もの」と定義し、いじめられた児童生徒の立場に立って調査するようになっている。これを受けて、2013年の「いじめ防止対策推進法」では、いじめとは「児童等に対して、当該児童等が在籍する学校に在籍している等当該児童等と一定の人的関係にある他の児童等が行う心理的又は物理的な影響を与える行為（インターネットを通じて行われるものを含む。）であって、当該行為の対象となった児童等が心身の苦痛を感じているもの」と定義した。

　いじめの現代的特徴としてしばしば指摘される特徴は、第一に、強い集団（個人）による弱者への攻撃の傾向である。すなわち個人対個人の攻撃ではなく、いじめる側が集団化していくという傾向である。定期的に行われている文科省や各教育委員会の調査を見ても、いじめの原因として最も多いのが、弱そうな者へのからかいから始まってエスカレートしていく場合が多い。第二に、約 3 ヶ月以上の長期化の傾向である。 3 ヶ月以上ということは、夏休み・冬休みが来るまで、学期期間中は続くということである。第三に、インターネットを用いた陰湿・巧妙・残酷化の傾向である。インターネットはなりすましメールなど匿名性が強く、さらに書き込み言葉は話し言葉よりも誹謗中傷がエスカレートしていく傾向がある。

　いじめる側のいじめの動機は、どのような文科省・教育委員会調査でも、最も多いのは、相手が無抵抗で力が弱いということである。したがって、何かのいじめの理由があるというよりも、弱そうな者への攻撃で困っている様子を見ること自体が目的化していく傾向が強い。

　一方いじめる側の子どもも、希薄な人間関係の中で、自分の存在感を確認する機会がなく、何か認められたいという潜在的な気持ちの現れである場合もある。どの子も「認められたい」「目立ちたい」「優越感を持ちたい」という願望は潜在的に持っているが、その願望がゆがんで強く出ている場合もある。自分が認められていないという意識や損をしているという意識が、それを補うためには、弱い者を踏みにじってもかまわないという価値観を自分の中でつくってしまう場合もある。

## 2. いじめの人間関係の構造と関係把握の課題

### （1）いじめの四層構造の認識と全体状況の把握

　いじめの問題を把握する上では、しばしば典型的に現れる人間関係の構造

を把握して予測を立てる必要がある。いじめの構造は、森田洋司氏によって明らかにされ、一般的に四層構造からなるとされている。いじめ問題の当事者とは、直接いじめに関わったとされるいじめっ子と、いじめられっ子の二つの層だけがいじめ問題の当事者であるように見える。しかし、いじめっ子といじめられっ子の二つの層だけでなく、さらにその周りには、観衆と傍観者の二つの層が存在している。観衆は、直接手を下していないが、どちらかというと面白がって見ている子どもである。傍観者は、同じく直接手を下していないが、遠巻きに見ているだけで見て見ぬふりをする子どもである。元々いじめに直接関わる子どもたちは少なかったのだが、現代の子どもたちは、インターネットの匿名性が高くなってきたので、書き込みやさらしサイトなどで、直接関わる子どもが増えてきているのが特徴である。

**いじめの四層構造**

※森田洋司氏の四層構造論を基に、
　筆者が作成

## （2）いじめの集団化構造と集団化の理由の把握

　このいじめの構造では、個人対個人ではなく、集団対個人のいじめ構造へと集団化する傾向が強くなっている。例えばクラスの中で最も影響力が強いと見られる子どもをAとし、順に弱い子どもをBCDとする。その影響力の内容は、集団によって異なり、勉強・スポーツ・腕力・話術・家庭環境などによって変化する。このような中で、影響力が強い人がいじめに関わると、希薄化した人間関係の中では、それを止める者もいなくなり、全体が集団化してしまう傾向がある。しかしこのAとDが永遠に固定化しているわけで

もなく、異なる価値観が入ってくると、AとDが異なったり、逆転したりすることもある。ただ、何らかの理由で始まるいじめにおいては、より強い者がより早く集団化する傾向は強く、最終的に学級全体のいじめが集団化していく。そして人間関係が希薄であればあるほど、いじめを止める人も現れず、集団化していく。

　いじめる側のAがDに対して集団化していく、いじめの集団化構造のプロセスは次のような展開が少なくない。

### いじめ集団化のプロセス

１）Aは影響力があり、A' A"などの同類の者と集団を組みやすい
２）Aが攻撃対象を選ぶ場合は、B・CでなくDを対象にする傾向がある
３）Aは比較的近い存在であるBを味方につけようとする
４）Bは、普段Aに憧れている部分もあるため、Aを支える側にまわる
５）AとBが一緒になると、Cもそれを支える側にまわる
６）ABCの連合によるDへの攻撃という構造になる

　※図表は筆者作成。以下同様。

### いじめの集団化構造

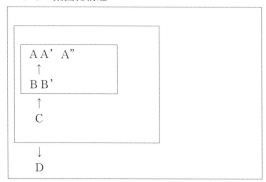

　いじめが起きたときに、子どもたちの意識として、「いじめは悪い」という意識があったとしても、集団化する中でいじめに間接的に加担していく場合が少なくない。いじめが何も起きていないときに、いじめは良いか悪いかに関する意識調査を行っても、圧倒的大部分の子どもは、「いじめは良くない」と回答する場合が多い。同様に、いじめられっ子について意識調査を行っても、「いじめられっ子が可哀想だ」という回答が圧倒的に多い。しか

し現実にはいじめの集団化構造の中で、いじめに加担する側に回っていく。

## 3. 教師には見えにくいいじめの理由と意識的な洞察力

### （1）教師には見えにくいいじめの理由と洞察の必要性

　元々いじめは、教師には見えにくい。教師の在所は、教室だけでなく、職員室にいる時間もあるし、日常的にすべての子どもの生活時間を見ているわけではない。

　このような物理的に見えないだけでなく、さらに、いじめが教師には見えにくい理由は、次のような点である。

**いじめが教師に見えにくい理由**

> １）子どもは教師の前ではいじめを隠し、見られても遊びだと言い訳する。
> ２）いじめられる子どもも、弱い子であると見られないように隠す。
> ３）教師の権威が低く、教師に伝えても解決しないという諦めがある。
> ４）教師がいじめとふざけの微妙な区別ができないでいる。
> ５）教師の前では、一律の態度を強く指導しており、真の実態が見えない。
> ６）子どものけんかだとみて、教師が楽観的に見ている。
> ７）子どもを恐れて教師も見て見ぬふりをする。
> ８）暗黙のうちに教師が問題を表面化させないように仕向けている

　このような様々な理由で、教師にはいじめが見えにくい。そもそも教師には見えていない子どもたちの関係性の実態があるという意識を教師が持つことが重要である。

### （2）いじめられっ子のタイプを予測する教師の観察と洞察力

　いじめっ子・いじめられっ子は固定しているわけではない。またどの子もいじめられる側の標的になる可能性はある。ただいじめっ子・いじめられっ子のタイプは、ある程度あり、教師はその現実を踏まえて起こりうるいじめを予測しておくことも重要である。教師がいじめられっ子のタイプを予測することは、いじめられっ子に問題があるという先入観を肯定することではなく、より早くいじめの兆候をとらえるための洞察力を高めていくことである。

　いじめられっ子のタイプとして最も多いのは、"抵抗できないタイプ""動揺するタイプ""取り入るのがうまいがねたまれやすいタイプ""異なる価値

観を持ち込むタイプ”“自己主張が強いタイプ”などである。これらのタイプは、いじめられる可能性が高いと認識して、より注意して観察することが求められる。

## 4. いじめの正確な実態把握と対応

　いじめは見えている姿と子ども同士の意識がずれている場合もあるので、見えている部分だけで判断しないで、正確な実態把握に努めることが重要である。その場合には、様々な子どもたちの情報を総合的にとらえていくアンテナを張り巡らせることが重要である。

　いじめの正確な実態把握のための対応としては、以下のような対応が必要である。

**いじめの正確な実態把握のための対応**

> 1）いじめっ子の中心メンバーと周辺メンバーを把握する。
> 2）いじめの標的になった理由ときっかけを把握する。
> 3）いじめっ子といじめられっ子は、別々にして個別に聞き取り照合する。
> 4）観衆・傍観者から見たいじめの状況に対する評価を把握する。
> 5）観衆・傍観者が何をしていたか、なぜ関わらなかったかを把握する。
> 6）観衆・傍観者からいじめの実態がすぐに教師に報告されなかった理由を聞き取る。
> 7）いじめが集団化した場合には、観衆・傍観者を含めて、集団化した原因を聞き取る。
> 8）様々な保護者から、実態や子どもから聞いたこと等を聞き取る。

　いじめの実態が深刻であると分かった場合には、学級担任だけで解決できない場合も少なくないため、カンファレンスチーム（対策チーム）を設置して、学級担任以外の力を借りながら対応する必要がある。

　また電話相談センターや児童相談所など、学校外の相談指導・生徒指導の専門家にも依頼して、一時保護やいじめ被害の子どもの心理的ケアをすることも重要である。日常的にこれらの相談センター等があることを子どもたちに紹介しておくことも、予防効果・自己規制効果をもたらす。問題があったときの学校から専門施設への連絡だけでなく、日常的に子どもと専門家とが相談できる体制を整えておくことで、学校もいじめを早期に発見・対応できることになるからである。

## 5.　いじめ問題が予想されたときの加害者・被害者への直近の対応と指導観点

　いじめが起きているのではないかと感じたときは、調査を含めた最初の迅速な対応が求められる。その対応は、以後被害者を守ることも考えなければならないために、いじめっ子による仕返しなどが起きないような配慮が必要になる。また形式的な指導に終わることなく、いじめっ子が自分を見つめ直し、真に反省していく契機になるように時間をかけた指導を行っていかなければならない。

　いじめが起きているだろうと察知された場合の直近の対応と配慮理由は次のようなものである。

### いじめの発生が察知された場合の直近の対応と配慮理由

| いじめの発生が察知された場合の直近の対応 | その配慮点 |
| --- | --- |
| 1）いじめの情報把握<br>　報告・SNS・保護者連絡・声かけ等の中でいじめを早期に発見する。いじめのレベルは、からかいから犯罪に至るまで様々なレベルがあり、いじめの程度を把握する。 | SNSの見えない部分のつぶやき等も把握することで、より実態が見えてくる。 |
| 2）いじめ通報者の守秘<br>　いじめの相談者・報告者は、誰かは言わない。「いじめを心配している多くの人から連絡があった」としておく。特定の一人ではないことを強調する。 | 「多くの人が連絡してきた」と伝えることによって、いじめられっ子に味方がいることも示す。 |
| 3）複数教員チームの対応<br>　いじめ対応の複数教員チームを日常的に作っておく。この場合は、担任＋主任＋、など、近い人の対応者の原則をつくっておく。 | 学校全体で対応する姿勢を子どもたちに見せることが重要である。 |
| 4）被害者・加害者別々の聞き取り<br>　チームで加害者・被害者を別々に聞き取る。聞き取る教師は、重ならないように分けることで加害者・被害者の意見をそれぞれ聞くことに専念できる。 | 一人で被害者・加害者の両方を対応すると、被害者の味方になれない場合が出る。 |
| 5）聞き取り内容の矛盾点の調整<br>　別々に聞いたそれぞれの生徒の言い分を照合し矛盾点をとらえる。何回も加害者と被害者の言い分の聞き取り、すり合わせを行う。 | 何回もすり合わせることで、より真実に近いいじめの実態が把握できる。 |

| | |
|---|---|
| 6) いじめ加害者に対する姿勢<br>直接的な加害者には、甘い妥協で終わらせず、徹底的な指導を行い、極めて強い態度で反省を迫る。激しいいじめ問題を起こす加害者ほど表面的に繕う傾向があることも認識しておく。 | どんな理由があろうと、いじめという行為は許さないという姿勢が重要である。 |
| 7) 長期間をかけた加害者への反省を迫る指導<br>加害者が反省したかどうかは、少し時間をおいて様子を見る。すぐに謝らせると、反省する気持ちがないまま形式的に謝ってしまう。自分の行為を自分で経過的に見つめさせる。 | 加害者は反省のふりをして逃げ切る場合が少なくなく、時間をかけて、反省を迫る。 |
| 8) 保護者を交えて懇談する。<br>保護者と懇談し自宅での様子を聞き取る。自宅での様子が学校での様子と異なる場合には、なぜずれるのかを検討する。 | 保護者から普段の状況をうかがうことで、より実態が見えてくる。 |
| 9) 学級全体への働きかけと学級運営改善<br>傍観者も含めて、学級全体の問題として考える。学級全体がより良い方向を考えなければ、決していじめの問題は解決せず、居心地の良い学級にはならないことを認識してもらう。 | 学級全体の問題として考えることで、傍観者がいじめに加担することを抑制していく。 |

　このようないじめの事実に対する直近の対応を迅速に行いつつ、子どもの行為が自分で反省できるように長期的に指導していくことが重要である。

第**3**章　いじめ問題を意識した
予防的人間関係の対応

玉井康之

**ポイントと対応課題**

①いじめ発見時の加害者・被害者への教師の不適切な対応にならないように、初動対応を意識しておくことが重要である。
②いじめの加害者・被害者・傍観者ごとの、それぞれの立場に沿ったロールプレイも予防活動として重要になる。
③学級内でのいじめの予防的対応がいじめを発生させないようになる。
④学級内での人間関係づくりを進める啓発や集団活動が、いじめ予防の活動となる。
⑤家庭や地域と連携した集団活動も、いじめ予防の長期的な条件となることを意識しておく必要がある。

## 1. 教師のいじめ加害者・被害者への基本的な対応とまずい対応

　教師がいじめに気づいたときに、まずいじめの行為自体は止めさせなければならないが、その上で加害者と被害者に対する基本的な対応方法とまずい対応を意識して心がけておかなければならない。
　加害者・被害者への基本的な対応の心構えと理由は、以下のような点である。

**いじめ加害者・被害者への基本的な対応の心構えと理由**

| 加害者・被害者への基本的な対応 | 理由と留意点 |
|---|---|
| 1）いじめる側の一見正当な理由があっても、いじめの行為に対しては、毅然とした態度を取る。 | いじめる側の正当な理由があっても、いじめの行為自体は、悪であるという教師の姿勢を明確に伝えなければ、教師の指導的権威が弱まり、同じいじめが繰り返される。 |

| | |
|---|---|
| ２）加害者・被害者の先入観で対応しない。 | 教師は普段からどの子に対しても、できる子と問題を抱えた子などのイメージを持っているが、それが間違っている場合もあり、先入観を取り除いて対応する。 |
| ３）いじめる側の理由も聞かないで、いじめた子どもに対して性急な叱責をしない。 | 加害者にも何らかの理由があって、正義の味方として裁きを行うという意識の場合も多い。性急な叱責では、教師が子どもの実態や気持ちを分かっていないと受け止められることもある。 |
| ４）いじめる側の理由を聞いて、教師が肯定しない。 | 教師が、いじめる子どもの言い分が正しいように見えても、いじめる子の言い分を肯定してしまうと、いじめの行為を正当化してしまう。 |
| ５）いじめられる子どもにも問題があるということを言わない。 | たとえいじめられっ子に何らかの誘発の原因があっても、いじめの行為とは区別して理解させることが重要である。 |
| ６）加害者・被害者が逆転している場合もあり、別々に理由を聞く。 | いじめっ子もいじめられっ子も、教師と相手の前では本当のことを言わない可能性が高く、実態と気持ちを正確に把握できない。 |
| ７）「さらにいじめの調査をして、実態と原因を調べる」という余韻を残す。 | いじめっ子に対しても、これで適当に言い逃れたという安心感を与えないでおくことが緊張感を継続できる。 |
| ８）加害者に対して同じことが起きたら、「絶対に容赦しない」ということを述べておく。 | １回目は容赦しても、いじめを再び起こすと、今回よりももっと自分の立場が悪くなるという緊張感と自己統制力を高めていくことが重要である。 |

※図表は筆者作成。以下同様。

　このいじめ発見時の初動対応が、加害者に対しても毅然とした対応であり、なおかつ両者の理由をしっかりとらえるという姿勢を貫いていけば、学級全体の子どもの教師への信頼感は徐々に高まっていき、問題があったときに教師にも報告されるようになる。そのため、いじめをなくそうとする教師の影響力が徐々に高まっていく。

## 2. 学級内における多面的ないじめのロールプレイと予防活動
### （1）いじめの被害者・加害者へのロールプレイ的予防訓練
　いじめが発生した場合に、いじめられっ子だけでなく、いじめた子にもカウンセリング的対応も必要である。いじめられっ子は、当然心の傷をケアし

ていくことが重要である。さらに、いじめっ子も何らかの不満が、弱い子ど
もに向けられている場合が少なくないため、その潜在的な別の不満を聞き取
ることも解決の重要な条件となる。

　またこのカウンセリング的対応は、聞き取って癒やすだけでなく、次の予
防的な対応として、ロールプレイを含めた指示的カウンセリングも重要な指
導となる。いじめっ子は、いじめを行う行動に走らないように自分の感情を
コントロールすることが重要である。またいじめを受けやすい子どもも、理
不尽な要求に抵抗できるように演出することが重要である。抵抗しないよう
に見えるために、さらにいじめがエスカレートしていく場合も少なくないか
らである。そのため、学級の中でも理不尽な要求に対して抵抗することの重
要性や抵抗の方法を一斉に教えることも重要である。

　いじめを受けやすい子どもおよびいじめを行いやすい子どもの予防のため
のロールプレイとしては、次のような内容がある。

**いじめを受けやすい子どもを含めた抵抗のロールプレイ**

| 抵抗のロールプレイの方法 | 理由と方法 |
|---|---|
| 1）いじめを受けたときのはね返しのロールプレイ | 理不尽な要求をはね返せるかどうかがいじめを止めるために、理不尽な要求に対して、とっさに「いやだ」と言えるロールプレイを繰り返す。 |
| 2）いじめを受けたときに動揺しないロールプレイ | 罵詈雑言を受けたときにも、表情・態度を変えないロールプレイを繰り返す。 |
| 3）いじめを受けたときに先生に連絡することのロールプレイ | いじめに対して正当に抵抗する人権意識と、先生の権威に頼ることの正当性を仮想練習でとらえる。 |
| 4）いじめる子どもは、その子自身が損をするという見方をするロールプレイ | いじめることは得ではなく、いじめる子ども自身が損をしているという見方をすることができれば、比較的穏やかに対応できる。 |
| 5）いじめを受けたときに、気をそらして別のことをするロールプレイ | いじめを受けたときに別のことをしたり考えたりして無視するようにすると、言われているときも気にならなくなる。 |

**いじめを行いやすい子どもを含めた自己抑制のロールプレイ**

| 自己感情抑制のロールプレイの方法 | 理由と方法 |
|---|---|

| 1）感情がすぐ言葉に出してしまう子どもは、深呼吸してから話すロールプレイ | 怒りなどの感情が高まったときにも、一歩待ってすぐに言葉にしないだけでも、感情を押さえた対応ができる。 |
|---|---|
| 2）別の楽しいことを思い出して、それをすることを考えるロールプレイ | 別の楽しいことを考えることによって、相対的に感情が抑えられる。欲求不満の昇華をする。 |
| 3）行動しようとしたことを、時間をおいてから考え直すロールプレイ | 感情から導かれる行動は拙速な判断である場合が多いため、しばらく放っておいてから行動する。 |
| 4）他人への評価基準を正反対に変えてプラスの評価を行うロールプレイ | マイナス評価も見方を変えて言い換えるとプラス評価になるため、見方を変えるパラダイム転換を行う。 |

　これらのようないじめに関する抵抗と自己抑制のロールプレイは、個別に演技指導をすることも重要である。なぜなら、演技ができない子どもほど、人前ではさらに演技をできにくいからである。また普段いじめが起きていないときには、学級全体でいじめのロールプレイを行うことが重要である。学級全体でロールプレイをしていると、対応に困った子どもに対して、学級全体で、対応方法を応援してくれるからである。

　逆にいじめが現実に起きていると見られるときは、いじめに関するロールプレイは、誰かを念頭においた意図的なロールプレイが潜在的に行われてしまう。具体的な問題を念頭においた演技はロールプレイではなくなるため、ロールプレイが逆効果になることも認識しておかなければならない。したがってロールプレイは、あくまで予防的対応として用いる方法である。

## （2）いじめの観衆・傍観者等第三者へのロールプレイと予防訓練

　いじめの問題は、いじめっ子・いじめられっ子だけでなく、第三者のように見える観衆・傍観者がどのように振る舞うかによって、いじめを助長したり、抑制したりすることにつながっていく。そのため、観衆・傍観者といわれる周りの者がどのように振る舞うかを考えさせるロールプレイも重要になる。最終的には、第三者がいじめを見ても見て見ぬふりをすることは、いじめに加担することと同じであるという認識を持てるようなロールプレイが重要である。

　例えば、観衆・傍観者がいじめっ子の立場に立つか、いじめられっ子の立場に立つかのロールプレイを行う。いじめる側Aがいじめられる側Bに対して、何らかのいじめ攻撃をした場合、その横にいた第三者としてのCが、「そうだそうだ」とAに味方するのか、「そんなこと言わないで」とBに味方するのかでは、その後の流れはまったく異なってくる。このような、A＝いじめる側、B＝いじめられる側、C＝第三者（観衆・傍観者）の中で、Cの役割をとらえるロールプレイも、クラスの中で見て見ぬふりをなくす雰囲気を創る上で、重要な役割を果たすことになる。C＝第三者（観衆・傍観者）の役割を考えさせるロールプレイの例としては、しばしば起こりえるものをとりあげる必要がある。

　この場合もロールプレイは、あくまでも何もいじめが起きていない予防的対応として行うものである。いじめが起きた場合には、ロールプレイではなく、現実のいじめに即して解決する対応をとらなければならない。

　第三者の役割を考えさせるロールプレイとしては以下のような例示がある。

**第三者（観衆・傍観者）Cの役割を考えさせるロールプレイの例示**

| ①新しい物を買ってきたとき。（言葉によるからかい）<br>　A　新しい物を取り出す<br>　B　「見せて、見せて」<br>　A　「あなたが触ると汚れるから触らないで」<br>　C　「○○○○・・・」 |
|---|
| ②仲間に入れないとき（仲間外し・無視）<br>　A　「トランプして遊ぼうよ。でもBあなたは来ないでね」<br>　B　「入れて」<br>　A　「いやよ。来ないで」<br>　C　「○○○○・・・」 |
| ③物を隠されたとき（持ち物隠し）<br>　B　「今ここにあった私の物がないけど、知らない？」<br>　A　「ここにはないよ・・・」<br>　C　「○○○○・・・」 |
| ④使い走り（パシリ）<br>　A　「オレの物遠くにあるからとってきてくれや」「買ってきてくれや」<br>　B　「でも遠いし、お金ないから・・・」<br>　C　「○○○○・・・」 |

⑤脅されたとき（脅し・暴力）
　A　「ちょっと、お菓子とジュース買ってこいや」
　B　「お金ないし、身体に良くないから・・・」
　A　「買ってこないと痛い目に遭うぞ・・・」
　C　「○○○○・・・」

　　第三者Cの対応のポイント

　　・どちらの立場に味方する雰囲気を出したか

　　・どちらに対して具体的にどんな意見を言ったか

　　・Aの言いたいことの理由や状況を聞いたか

　　・Aの反論や執拗な攻撃が続いたときに、どのように振る舞ったか

## 3. 学校・学級でのいじめ問題の啓発と学級運営の予防的対応

### （1）学校・学級の中でのいじめ啓発活動と予防的対応

　いじめの問題は、起きてから対処することでは、対応が手遅れになり、感情的なもつれを伴うために、時間もかかる。そのため学級経営を円滑にするためには、日常的に予防的な啓発と人間関係づくりが必要になる。

　いじめを考えさせる直接的な予防的対応としては、次のようなものがある。

**学級等におけるいじめの予防的対応と学級活動の方法**

| いじめの予防的対応 | 具体的方法と留意点 |
|---|---|
| 1）児童会・生徒会による呼びかけと話し合い | 児童生徒による意見フォーラムの開催や標語等による啓発を継続的に取り組むことが重要である。 |
| 2）いじめビデオ・いじめ啓発CD教材等を使った啓発と話し合い | いじめのドキュメント・再現ビデオやいじられた人の声を録音したCDなどによる啓発学習を行う。 |
| 3）グループワークによるロールプレイ | ロールプレイでは、片方の側だけでなく、必ずいじめる側といじめられる側の両方を体験することが重要である。 |
| 4）いじめの集団化構造などを題材にしたグループ討論 | 多くの人が、見て見ぬふりをしてしまい、結果として加害者に加担してしまう原因の議論が重要である。 |

| 5）同じ子ども同士が、お互いに相談に乗るピアカウンセリングの心がけと活動 | カウンセラーの配置だけでなく、子どもが日常的に相互に相談に乗り合う心がけを奨励することで、未然に防げることが重要である。 |
|---|---|
| 6）いじめのサイン発見のチェックリストを配布して早期に兆候をとらえる | 文科省・教育委員会のいじめチェックリストを配布し、日常的ないじめサインをとらえることが重要である。 |
| 7）いじめアンケート調査を定期的に行う | いじめアンケート調査を行うことが、いじめに対する自己規律と自覚を促す条件になり、また早期発見を行うことができる。 |
| 8）様々ないじめの教材・具体的資料を基にした学級討論 | いじめのアンケートや教材等を基にしながら、学級討論を行い、日常的にいじめに対する関心と対応を心がける。 |

## （2）学級の人間関係づくりを基盤としたいじめの予防的対応

　いじめの問題は、いじめだけを取り出して対応することはできない。いじめの発生は、普段の人間関係や学級づくりと密接な関係があるので、学級の中で様々な人間関係を意識的につくる取り組みを心がけることが、長期的にいじめを生まない学級の予防策となる。学級の子どもたちが、相互に助け合い共同できるような雰囲気と活動をつくりながら、学級の協同の理念を継続的に投げかけていくことが求められる。

　学級の中での意識的な人間関係づくりとしては、次のようなものがある。

**学級内の意識的な人間関係づくり（いじめに限らない）**

| 学級内の人間関係づくりの取り組み活動 | 取り組みの内容と留意点 |
|---|---|
| 1）児童生徒会による仲間づくり・人間関係づくりの提案と目標の設定 | 学校全体での児童生徒の人間関係の啓発活動を取り組むことで、より学級内での人間関係づくり活動も行いやすくなる。 |
| 2）具体的な人間関係づくりの学級目標の設定 | 学級内のいじめ防止・人間関係づくりの目標を自分たちで考えることが、学級の人間関係を良くする。 |
| 3）自由に話せる雰囲気づくりやノンバーバルコミュニケーションの奨励 | 優しい会話の仕方や声かけ・笑顔などのノンバーバルコミュニケーションを意識的に追求することで、学級内の雰囲気が優しい雰囲気になる。 |

| 4）日常的な集団遊びづくりの伝達と指導 | 集団ゲーム・遊び・スポーツなどを最初に教師が教えておくと、ある程度子どもたちが自分たちで運営するようになる。 |
|---|---|
| 5）行事等に向けた共同作業・公共活動の共同目標と活動設定 | 学芸会等の行事に向けた出し物や準備を共同で進めることなど、具体的な共同活動を行うことで、人間関係づくりも深まっていく。 |
| 6）他者評価とほめ合い活動 | 他人の良い面や気づいたことを、朝の会・学活・ホームルームの時間で取り上げながら、良い面など多面的見方ができることを気づかせる。 |
| 7）学級レクレーションの定期的な開催 | 学級活動等で、ゲームや遊び等を取り上げながら、楽しい活動を一緒に体験する機会をつくっていくことで一体感も高まる。 |

　このような学級内でできる人間関係づくりの行事・活動を日常的に進めることで、いじめを生じさせない予防的な基盤が徐々にできてくる。

## 4. 家庭・地域と連携した長期的な人間関係づくりといじめの予防

　学級内での人間関係づくりと同時に、学校外での活動も人間関係づくりに影響する。人間関係づくりは、家庭間の連携や地域活動との関係も深く、これらの家庭・地域でできる活動も意識的に広げていくことが、長期的ないじめの予防になっていく。
　学校外での人間関係づくりとしては、次のようなものがある。

**学校外の家庭・地域と連携した人間関係づくり**

| 学校外の人間関係づくりの取り組み活動 | 取り組み内容と留意点 |
|---|---|
| 1）キャンプ等の集団宿泊活動や自然体験活動 | 生活を共にした活動や自然や生き物との触れ合いは、思いやりや人間関係づくりを深める条件となる。 |
| 2）公民館等から学校に通う通学合宿による生活共同活動 | キャンプと同様に、合宿しながら学校に通う生活共同活動の中で、学校では見せない側面をとらえながら、人間関係を高めていく。 |
| 3）社会福祉活動等のボランティア活動 | 弱いものをいじめて優越感にひたるよりも、弱い人たちのために力になることこそが、正しい生き方であることを体験的に学んでいく。 |

| 4）子どもに関する保護者<br>　　との情報交換 | 日常的に保護者と連絡を取り合うことで、いじめ<br>を含めた子どもの状況を早期に発見し、保護者と<br>連携して対応できる。 |
| --- | --- |
| 5）保護者と一緒にいじめ<br>　　等の問題を考える学級懇<br>　　談会や学習研修活動 | いじめを含めた子どもたちの人間関係の現状と対<br>策を保護者と一緒に考えることで、学級の人間関<br>係づくりを保護者が支援できる。 |

　このような家庭・地域と連携しながら、学校外の人間関係づくりを進める
ことで、学級内の人間関係づくりもいっそう進んでいく。これらの長期的な
人間関係づくりの学級経営があって、いじめも予防することができる。

# II

## 明るい学級環境の
## 雰囲気を創る

# 序
# 明るい学級の雰囲気づくりは
# なぜ必要か

楜澤　実

「明るい学級」とは、どのような学級をイメージするだろうか。

・気軽に挨拶ができる学級

・笑顔の絶えない学級

・エネルギーがみなぎる元気のよい学級

・お互いに意見や考えを自由に発言でき、意欲的に学べる学級

・お互いに意見や考えを認め合える学級

・一人一人が生き生きと活動している学級

・一人一人の個性が生かされている学級

・相手への思いやりがある学級

・教室が清潔で整理されている学級

・教室の雰囲気が温かく、毎日行くのが楽しみな学級

など、様々なイメージが考えられる。

　このようなイメージの学級は、個人はもちろんのこと、集団として一つの課題に協働で取り組み成果を共有できる、「学ぶ集団」となっている学級とも言える。

　様々な活動を意図的、計画的に実践することによる　「学ぶ集団」としての「明るい学級」づくりが、学級経営の基盤づくりにつながるのである。

　第４章では、「明るい学級」としての雰囲気づくりに欠かせない「教室環境」や「教室内の机の配置」、「学びの空間としての教室」や「学級目標具現化のプログラム化」に関わる内容について述べている。「僅かな時間教室に入っただけで、その学級の雰囲気が分かる」という人がいる。それは、どのようなことを意味しているのだろうか。教室に入ることにより、何から感じるのであろうか。また、どんなことが分かったりするのであろうか。

教室に入ることで、
・教師の言葉遣いや態度
・子どもたちの態度や話し声
・友だちとの会話の仕方
・教室の装飾等の美化
・学習に関わる掲示の環境

などから、教師の日々の教育に対する姿勢やその影響を受ける子どもたちの様子を感じたり、分かったりできるのである。教師の言葉かけが荒々しく、ピリピリとした空気に包まれていたり、机の周りにごみが散乱していたり、一人一人のロッカーへの学習道具の整理の仕方が乱れたままだったり、殺風景な掲示環境だったとしたら、皆さんはどのようなことを感じ、どのようなことが分かるだろうか。

　一方、教師の言葉かけが柔らかく、温かい空気に包まれていたり、自分の机やロッカーを大切に扱っていることが分かる整然とした並びや整理状況が見られたり、季節ごとの行事等の取組内容や、日常の学習内容をいつでもふり返ることができるような掲示環境であったりしたら、どのようなことを感じ、どのようなことが分かるだろうか。このように、学級の人的環境と物的環境の整備は、学級の雰囲気づくりに大きな影響を与える。教室は、日々、教師と子どもたちが生活する場である。だからこそ、潤いのある大切な場なのである。

　第5章では、子どもたちが安心して学級で生活できるような「親和的な雰囲気づくりに生かす学級のルールづくりと役割分担」や「相互承認のための学級スローガン及び目標の具現化」、「学級の居場所づくりと教師の働きかけ」に関わる内容について述べている。そのような取組の成果が基盤となり、「明るい学級」を創るのである。

　国は、学校教育を通して子どもたちに身につけさせたい力を、知、徳、体の調和のとれた「生きる力」であるとし、今次学習指導要領でもその理念を踏襲している。「生きる力」とは、自立（自律）した大人になるために必要な資質や能力であり、自ら主体的に考え学び、課題解決する力や様々な物や人と関わる力、学びを生かす力であると考える。そして、そのような資質や能力は、子どもたちが、日々安心して活動できる心の居場所としての学級が

あってこそ、身につけることが可能となる。

そこで、

・子どもたちが学校の一日を自主的に生活する上で、必要なルールや役割とは、どのようなものなのか

・子ども同士がお互いに認め合える学級づくりの方針ともいえるスローガンとそれを実現する具体策には、どのようなものがあるのか

・様々な活動を実施する際に必要な議論の条件や学級が心の居場所となるような教師の関わりや心がけには、どのようなものがあるのか

という視点からとらえることにより、今求められている心の居場所となる学級経営についての考えを、深めることができる。

第6章では、子どもたちが知りたい、学びたいという気持ちを大切にした「内発的動機づけを高める学習のあり方」や「内発的動機づけを高める学習ルールづくり」に関わる内容について述べている。

「明るい学級」とは、これまで述べてきたことをまとめると、子どもたち一人一人にとって、心の居場所となる「支持的風土に満ちた親和的な雰囲気のある学級」と言える。このような学級の環境や風土、雰囲気に満ちている「明るい学級」だからこそ、子どもたちは、意欲的な学びの姿を見せる。したがって、教師は、その子どもたちの学びの意欲を支え、自主的・自律的に課題解決を図ることができるように、学びの中でも、他者との相互理解に基づく人間関係づくりに努めたり、集団としてアクティブに学ぶために必要なことや子ども本来の学びを促す内発的動機づけを高めたりする必要がある。さらに、その方法やルールについて、子どもたちも理解することが大切である。

**参考文献**
文部科学省編　『小学校学習指導要領解説　総則編』文部科学省、2017年
青木智子・山村豊編著『子どものための心理学　教育心理学・教育相談・支援』北樹出版、2013年

# 第4章 教室環境整備・学級行事開催による雰囲気づくりの対応

玉井康之

## ポイントと対応課題

①学級規模の大小は、子どもとの関係性や教育効果に影響する。

②教室装飾等の物的環境を変えることで、学級の雰囲気を変えることができる。

③七夕など祝祭行事に合わせた装飾をすることで、学級を楽しい雰囲気に変えることができる。

④教室机の配列をコの字型アクションゾーン方式に変えることで、子ども同士の関係を高めることができる。

⑤学習内容の掲示を体系化することで、教室の学習プログラム化を図ることができる。

⑥学習内容が子どもたちの共通話題になれば、協働学習空間としての教室の雰囲気を創ることができる。

⑦学級目標の目指す方向を類型化・体系化しながら具体的に掲げることで、学級目標をプログラム化し、目指す方向を協働化することができる。

## 1. 学級規模と教室の人的・物的環境づくりによる学級経営の基盤づくり

### （1）学級規模・学校規模による教育効果の差と学級経営基盤

　学級規模の大小は重要な学級環境の基礎条件となる。学級規模は、子どもと教師の関係性及び子ども同士の関係性に影響する。一般的に学級規模が小さい方が、子どもと教師や子ども同士の関係性をより密接にしやすくなる。これが学級の雰囲気づくりに影響する。

　1980年代にアメリカのグラス氏とスミス氏の調査結果として、学級規模と学力は、反比例的な曲線を示し、学級規模が20人以下であると急速に学力が

高くなるという調査結果を発表した。この結果には様々な要因が含まれているが、その主要な要因としては、①個々の子どもとの密接な接触効果により教師と子どもの信頼関係が高まること、②一人一人の個別指導の時間が多くなること、などによる。

　特に学級規模が20人以下であれば、一斉指導だけでなく、個々の子どもへの個別指導を全員に施すことができる。逆に人数が多くなればなるほど、一斉指導方式にせざるを得ず、個別指導を全員に施すことができなくなる。また一部の子どもだけに個別指導をした場合は、子どもから見てえこひいき感が強くなり、学級全体の集団づくりの調和を乱しかねない。最終的には子ども一人一人のつまずきは異なるため、その子どもに合わせた指導内容を施す必要がある。

　また学校規模が大きくなると、一般的に校内暴力など問題行動も発生しやすくなる。これは、子どもと教師の距離感が遠くなり、見られていないという匿名性も高くなることによる。教師から見て子どもに目が届かなくなるだけでなく、子ども同士においても、顔と名前が一致せず、子ども同士が相互に無関心になっていく。教師にとって、子どもの名前を覚えられるのは、記憶力などの条件から200人〜300人程度である。大きな学校規模になると、子どもが学校で出会う大人を見ても、先生なのか来客なのかも分からなくなる。顔が見えない大人数の関係の中で問題行動を押さえるためには、ある程度画一的に対応せざるを得なくなり、校則・規律などの管理を厳しくすることになる。これによっていっそう、個々の子どもと教師の信頼関係が弱くなる悪循環に陥ってしまう。

## （2）教室の人的環境と装飾等の物的環境づくりによる学級経営基盤づくり

　学級環境には、大きく分けて①人的環境と②物的環境の2つの構成要素がある。①の人的環境としては、教師がユーモアや笑いを誘う温かさを醸すなど、学級全体の子どもたちと明るく関わろうとする教師の雰囲気などが含まれる。このような教師と個々の子どもや子ども集団との関係づくりなどを含めた日常的な教師の雰囲気が学級を楽しい雰囲気にする。この教師の楽しい雰囲気づくりが、信頼される教師の条件ともなる。ただし、教師の性格もあって、ユーモアのある雰囲気や笑いを誘うトークをすぐに醸し出すことが

できない場合もある。

　そのような場合には、②の教室装飾等の物的環境を変えることで、学級の雰囲気を変えることができる。例えば教室を明るく楽しい装飾に変えたり、年間祝祭行事に合わせた学級行事を計画しながら、教室を楽しい雰囲気に変えていくことができる。教師の明るく温かく楽しい雰囲気を見える形にするためにも、年間の学級行事に合わせた教室装飾などを入れ替えていくと、教室の雰囲気も明るくなる。このような行事に合わせた教室の雰囲気づくりは、教師の性格を問わず誰でもできる方法である。

　この装飾等の教室環境づくりは、とりわけ小学校・低年齢層には直接影響しやすい。教師が創る明るい教室環境づくりとしては例えば、教室備品整理・美化・装飾・催事装飾・掲示物・作品展示・写真・壁新聞・メッセージ・花卉装備・学級栽培園などの、学習環境や教室環境の雰囲気である。子どもが楽しいと感じる年間祝祭行事も多くあり、年間祝祭行事に合わせて学級行事をしたり様々な装飾を入れ替えることで、季節を区切った教室の楽しい雰囲気や学級活動を進めることができる。

　年間祝祭行事での装飾には、例えば下記のようなものがある。


**子どもが喜ぶ年間祝祭学級行事と教室装飾内容**

| 月 | 行事 | 行事内容と装飾 |
|---|---|---|
| 4月 | 新学期歓迎交流会 | 新学級構成員の紹介と歓迎装飾 |
| 5月 | こどもの日 | 鯉のぼり・かぶと装飾 |
| 7月 | 七夕 | 笹飾りと願い事 |
| 8月 | お盆 | 盆踊り大会・花火大会 |
| 9月 | 敬老の日 | 敬老訪問用品・装飾 |
| 10月 | 体育の日 | スポーツ大会装飾 |
| 11月 | 文化の日 | 文化祭クラス企画 |
| 12月 | クリスマス | クリスマスツリー |
| 1月 | 正月 | カルタ・凧あげ・書き初め |
| 3月 | ひな祭り | ひな壇飾り・お別れ会 |

　※図表は筆者作成。以下同様。

これらの行事に合わせた学級行事づくと教室の環境づくりは、無意識のうちに子どもの精神的な安定や明るい雰囲気を醸成する。学級の雰囲気は、元々人的環境のみならず、物的にも関係し、教室の明るい雰囲気を創ろうとしている教師の活動が、無意識のうちに子どもたちに伝わる。この明るい環境をつくろうとする雰囲気が学級経営の基盤となる。

## 2. コの字型アクションゾーンの活用と単純接触効果による学級経営基盤

　日本の学級では、すべての子どもの机が同じく前方を向く配列が一般的であった。一方教師の話を聞くだけでなく、子ども同士の共同活動や相互討論を導入するようになると、全員が前を向く配列ではなく、学級全体をコの字型の机配列にして、子ども同士が向き合うことも有効である。このコの字型配列の中心スペースがアクションゾーンである。

　コの字型の配列では、教師と子どもの関係だけでなく、子ども相互の顔が見えるために、相互に高め合い牽制し合う関係となる。子ども同士が高め合う関係を日常的につくるように働きかける学級運営を心がければ、教師が一人一人の子どもに指導するよりも、子どもが子どもに良い影響を与える相乗効果を高めることができる。

### コの字型配列の教室とアクションゾーン

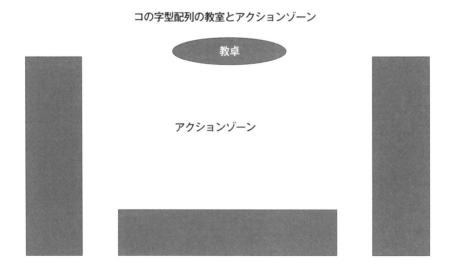

コの字型では、教師が真ん中のアクションゾーンを使って、教室の後ろの座席近くに進むこともできる。教師が真ん中や後ろで授業をしても、前の子どもからも後ろの子どもからも教師を見ることができる。教師が教室のどこの場所にいても、すべての子どもの視界に入ることが重要である。

教師と子どもとの関係では、教師が後ろまで進むことで、教室の後ろの方に着席している子どもに対しても、接触回数が多く接触距離も近いために、単純接触効果を高めることになる。一般的に接近距離が1メートル以内であれば、親しい関係であると言われているが、それを応用すると、1メートル以内に近づくことで、単純接触効果を高め、無意識に教師と子どもの親近感を醸成することができる。すなわち教師と子どもの空間的な接近が、視線の交錯や非言語的コミュニケーションの機会を増大させる。

全員が前を向く講義式机配置とアクションゾーンを含むコの字型机配置の違いは、以下のような違いがある。

**講義式机配置とアクションゾーンを含むコの字型机配置の違い**

|  | 教室の講義式机配置 | アクションゾーンを用いたコの字型の机の配置 |
|---|---|---|
| 子どもの視界に入るもの | 後ろの子どもは、前の子どもの後ろ姿しか見えず、顔が見えない。 | 前の子どもも後ろの子どもも、子ども同士で顔が見える。 |
| 子ども同士の関係 | 子ども同士の関係や協同活動がつくりにくい。 | 子ども同士の関係や協同活動がつくりやすい。 |
| 教師と子どもの距離感 | 後ろの子どもは、教師との距離感が遠くなる。 | 後ろの子どもも、教師との距離感が近くなる。 |
| 子どもの緊張感と匿名性 | 後ろの子どもは友人から見られているという緊張感はない。匿名性がある。 | 後ろの子どもも友人から見られているという緊張感がある。匿名性がない。 |
| 子どもの活動等の場所 | 教室の中では活動しにくい。 | 中心部のアクションゾーンで活動できる。 |

この教室の机配置の転換によるアクションゾーンの他に、自由な活動を進められるオープンスペース・ワークスペースを導入したり、丸テーブルを導入して、作業時や給食時の交流を時々自由に入れ替えたりするなど、多様な

交流空間をつくることが重要である。固定机の移動もある程度自由に移動できるルールも検討していくことが求められる。これらの活動的なスペースと空間運用が、集団的で創造的なアクティブラーニングの学習活動をつくり出していく。

## 3. 教室の学習内容掲示と協働学習環境づくりによる学級経営の基盤づくり

　子ども同士の教室での会話内容は、学習内容に関するものはあまり出ず、遊びやテレビ・ゲームの会話等が多くなる。これは学習が、個々の子ども自身の学習活動に依拠することが多いからである。むろん遊びやテレビ・ゲームの会話も関係性を深める上で必要であるが、さらに子どもたちの会話の中に学習活動に関する会話が多くなれば、学習活動でも、相互に学び合う関係づくりができる。

　そのためには、教室の中に共通に視覚に訴えられる学習掲示物等の工夫も重要である。掲示場所を確保するために、教室の後ろや側面の天井にピアノ線を張って、吊り掲示物にしている場合も多い。

　この学習掲示物において、学習内容を体系的・意識的に掲示していくことは、学びの空間としての教室の学習プログラム化を進めることである。子どもたちは授業が終われば、授業内容を忘れていくが、学習掲示物を体系的に貼り替えることで、授業以外の時間でも、子どもは日常的に学習内容を目の当たりにし、また共通の学習内容を語り合うことで、相互の学びが深化していく。

　学習掲示物を体系化するものとしては、毎週の単元の要点資料を貼り替えたり、板書をデジタルカメラで撮った写真をプリントアウトして、掲示していくものもある。単元を学習クイズ形式で授業前に事前に考えさせたり、子どもたちの回答を張り出していくものもある。また子ども同士の情報交換のための学級新聞・壁新聞や、調べ学習活動の発表内容を張り出すものもある。

　教室の学習プログラム化を促す学習掲示物としては、以下の種類がある。

**教室の学習内容の共有化を促す学習掲示物の種類**

| 授業内容・学習内容に関する掲示物 | | |
|---|---|---|
| １）授業内容の予告 | ２）単元の重点ポイント | ３）問題の解き方 |
| ４）板書内容の写真掲示 | ５）電子黒板内容の掲示 | ６）グループ学習の成果 |
| ７）教科書準拠クイズ | ８）教材関連学習クイズ | ９）物知りクイズ |
| 定期刊行物 | | |
| １）子どもニュース | ２）子ども科学ニュース | ３）新聞子供版 |
| ４）新聞記事・新聞特集 | ５）子ども読書刊行物 | ６）子ども向け定期雑誌 |
| 地域素材・地域調べ学習 | | |
| １）地域調べ学習の成果 | ２）地域学習の調査法 | ３）地域教材の現物・史料 |
| ４）地域学習の学習過程 | ５）他地域交流コーナー | ６）訪問地域写真 |
| 子どもの発信情報・子どもの作品 | | |
| １）壁新聞 | ２）学級新聞 | ３）班新聞 |
| ４）子どもの流行ごと | ５）子ども作品展示 | ６）子どもの活動写真 |
| ７）子どもたちの活動ふり返り | ８）学級活動年表 | ９）子どもたちの主張・声 |

　子どもたち自身による掲示担当者は、子どもたちの中で学級内の係や週替わり当番を決めておけば、ある程度子どもたちが貼り替えたり、装飾してくれたりするなど、自分たちで進めてくれる。また年間の学級行事ごとの室内装飾・創作活動も、各担当者を決めて、子どもたちが自分たち自身で工夫する自主的活動を取り入れながら、装飾・演出していく活動にすれば、より楽しい雰囲気を自分たちで創っていこうとする。

　教師が全部お膳立てをするのではなく、子どもたち自身がつくれば良いので、教師の負担も抑えることができる。教師にとっては掲示物を貼り替える余裕もないというのが現状であるが、授業に追われるだけでなく、授業をふり返れるようにしておくことが、結果として長期的には学びを深め、教師も指導しやすくなっていく。

　これらのように、物的環境づくりと学習プログラムによる教室の学びの楽しさを演出し、それによって教師と子ども・子ども同士の学習活動の結びつ

きを深めることができる。このことが学級経営の基盤となる。

## 4. 学級目標のプログラム化と協働学習環境づくりによる学級経営の基盤

　楽しい学級活動や協同学習空間を創造していくためにも、学級全体がまとまり、意欲的な活動を目指す具体的学級目標のプログラム化も重要な条件となる。学級内の集団にとって学級目標が体系的に統一化できれば、目指すべき方向性を協働化することができる。

　学級目標は、色々な集団別・内容別のレベルがあり、それが重層的に重なっている。学級目標の集団別・内容別による種類は次のように分類して構造的にとらえることができる。これらの分類された学級目標を構造的にとらえることで、各学級目標の内容を全体の中から位置づけることができる。

**集団別・内容別に分類した学級目標の種類と区分**

| | |
|---|---|
| 1）集団規模別に分けた学級目標の種類 | 学校全体目標、学級全体目標、グループ目標、係目標、個人目標 |
| 2）内容別に分けた学級目標の種類 | 学習の目標、学級生活の目標、学校生活の目標、家庭生活の目標、地域生活の目標 |
| 3）人間関係の異質協同を目指す学級目標の種類 | 異なる人との人間関係づくりの目標、異質協同性の目標、相互協力目標、内面的な意識改革の目標 |
| 4）期間別・時系列別の学級目標の種類 | 1年間の目標、学期間の目標、1ヶ月間の目標、1週間の目標、1日の目標 |

　種類を形式的に分類すると、以下のようになる。

　第一に、集団規模別に分けた学級目標の種類である。学校全体・学級全体の集団目標から小グループ・班や個人までの、集団規模別に分けた目標がある。大きな集団目標からそれを踏まえた個人の目標まで、集団規模で目標の抽象性・具体性が変化する。

　第二に、内容別に分けた学級目標の種類である。学級内の活動内容も多様であるので、活動内容の重点化を踏まえた学級目標がある。学習活動や学級生活や家庭・地域の生活などの様々な内容上の特性によって重点的に取り組む活動が定まってくる。

　第三に、人間関係の異質協同を目指す学級目標の種類である。義務教育の

学級内には多様な個性・能力の子どもたちの集団を前提にしているために、常に異質な子どもたちの人間関係づくりそのものが大きな課題となる。異質協同性をどのように実現していくかの具体的な内容・方法に関する目標は、学級づくりの重要な基盤となる。

　第四に、期間別・時系列別の学級目標の種類である。長期間から短期間まで、学級目標のどの具体的な内容をどのぐらいの期間で目指していくのかの期間ごとの達成目標と時系列的な段階目標によって目標の達成期間を区切って段階的に予定することができる。

　これら学級目標の分類は、学級経営のどの位置にある内容かを意識しながら、学級目標を全体構造の中でとらえることができる。教師が学級経営目標に実現性を持たせようとするなら、これらの分類を意識しておかなければ、目標が抽象的な存在になる。逆に学級目標を構造的にとらえることで、実行性のある学級経営目標のプログラム化を図ることができる。

　むろん実際の学級目標づくりにおいては、様々な要素が混在して作成される場合が多いが、構造的な位置づけを意識することが学級経営目標を現実的なプログラムにすることができる。それを教室に貼り子どもたちに意識させることで、統一的な目標に向けた協働的な学習空間としての教室の役割と学級経営基盤を高めることができる。

第**5**章 認め合う雰囲気を創る
学級ルールづくりの対応

玉井康之

### ポイントと対応課題

①子どもたちが自主的に学級を運営するためにも基本的な共通ルールは不可欠である。

②学級のルールづくりの内容は、学級生活の流れに沿って点検する必要がある。

③学級運営を担当する様々な委員・係の選出方法・役割分担も決めておく必要がある。

④相互承認のスローガンも個人差を克服し認め合う学級づくりの条件となる。

⑤スローガンを前提に学級目標の具体化を図ることでより良い学級づくりができる。

⑥意見・アイデアや反論を出しやすくすることが高め合う雰囲気を創る。

⑦個々の子どもの居場所の有無をチェックすることが全体の雰囲気にも影響する。

⑧居場所づくりのための日常的な教師の働きかけが学級の雰囲気を明るくする。

## 1. 基本的な学級運営方法のルールづくりと係の役割分担の形成

### （1）学級運営の基本ルールづくりと自主的運営

　学級の構成員が、同じ原則で平等に学級運営に関わるためには、基本的な学級のルールも確認しておく必要がある。学級構成員の中でも、何となく集団の"常識"や"前提"が異なるために、その相違がもめ事の原因になることもある。あまり窮屈に行動様式を縛ってしまうのも学級が萎縮するので問題であるが、子どもたちが自主的に運営できるようにするためにも、基本的

な共通の行動基準が見えると行動しやすい。したがって、個々の具体的な運営方法のルールについて、ルールをつくるかどうかを含めて検討しておく必要がある。

　この学級運営の基本ルールづくりにあっては、教師がある程度主導する必要があるが、教師が持っている方針を子どもに提示して了解を得る場合と、子どもにいくつかの選択幅を与えて子どもに選択させる場合がある。いずれの方法においても、大きな方向性を指し示した上で、ある程度子どもに任せる内容や役割等を決めて自分たちで運営できるようにすることが望ましい。学級運営のルールづくりは、1日や1週間の学校生活を前提にして、その流れの中で一つ一つ具体的にとらえていくことが重要である。

　学級運営方法・ルールづくりに関して検討すべき項目には、以下のような項目がある。

**自主的学級運営方法・ルールづくりに関して検討すべき項目**

| | | |
|---|---|---|
| 1）職員朝打ち合わせ時の子どもの活動 | 2）日直の役割と交代方法 | 3）朝の会の司会・内容・運営方法 |
| 4）授業開始・終了号令方法 | 5）学習活動ごとの学習班の編成方法 | 6）学級会議議題提案方法 |
| 7）学級会司会・議事運営方法 | 8）帰りの会の司会・内容・運営方法 | 9）席替え期間・座席入れ替え方法 |
| 10）係からの指示・連絡方法 | 11）学級内でのトラブル発生時の対応方法 | 12）給食時の運営・号令方法 |
| 13）学級内のけが・事故の連絡方法 | 14）特別教室等への移動方法 | 15）清掃時の役割分担・運営方法 |
| 16）学級配布物の配布方法 | 17）教室の電気・換気・温度調節方法 | 18）学級掲示物の張り替え方法 |
| 19）黒板消し等の管理方法 | 20）欠席者への連絡方法 | 21）家庭学習帳・連絡帳の提出方法 |

※図表は筆者作成。以下同様。

　このような一つ一つの場面における学級運営方法の基本的なルールをまず全体で確認しておくことで、学級運営に関わる構成員の行動がスムーズになる。

## （2）学級基盤を支える担当係の設置・選出方法と係内の役割分担

　学級運営方法のあり方は、担当係の設置・担当者選出方法とも連動している。学級から選出する委員・係の種類は多様な種類があり、全体としてそれらの分業と協業で成り立つ。どのような係を設置しどのように選出するかは、学年や学級内の状況によるが、子どもたちが動きやすく、また必要であると感じる役割を理解してもらうことが重要である。学級運営にとって必要な様々な係の種類と役割を子どもたちに提案し、併せて担当する係員・選出方法・交代時期・活動時間を決めていく必要がある。係が単独ではなく集団であれば、その集団の中での役割分担も決めておく必要がある。

　委員・係には以下のようなものがあるが、それぞれの選出方法を確認しておく必要がある。

**学級から選出する委員・係選出方法の取り決めの種類**

| | |
|---|---|
| 1）児童生徒会役員選出方法 | 6）生活班班長選出方法 |
| 2）校内委員会委員選出方法 | 7）給食班班長選出方法 |
| 3）学級委員長選出方法 | 8）清掃班班長選出方法 |
| 4）学級運営委員選出方法 | 9）担当係の選出方法 |
| 5）学習班班長選出方法 | 10）日直選出方法 |

　多くの子どもたちが係活動に関われるように様々な係をつくりながら、その役割の重要性と責任を自覚できるようにする必要がある。そのために、係の共通の活動時間と係からの発表機会を設けていくことも必要である。みんなが見える形で活動できる機会があれば、係員の自覚も高まっていく。子どもたちの中には、係活動を面倒がる子どももいるが、時間をかけて少しずつ係活動の重要性を理解してもらうしかない。基本的な考え方は、教師がいなくても学級の運営が自主的・自立的にできることの重要性を子どもたちに理解してもらうことである。

## 2．認め合う学級スローガン・目標の具体化と議論による学級経営基盤づくり

### （1）相互承認の学級スローガンの提示と意識化

　元々学級や班の構成員には、様々な能力差・個性差・意識差のある子ども

が存在している。これらの差を超えて一緒に活動するためには、認め合い支え合うことを目指す相互承認の学級運営とそのためのスローガンの提示が不可欠である。教師が統一的な目標を理念的なスローガンとして指し示すことによって、より具体的な学級目標づくりが可能となる。

　認め合い支え合う相互承認の学級スローガンと例示には次のような種類がある。

**相互承認の学級スローガンの種類と例示**

| 学級スローガン種類 | 相互承認の学級スローガンの提示例 |
|---|---|
| １）学習の相互承認 | 「間違ってもどんどん手を挙げて発言しよう。間違った答えでも認め合おう。」 |
| ２）全員参加の相互承認 | 「みんなが学級や班の運営に関わろう。できなくても関心がなくても、まずは一緒に関わろう。」 |
| ３）係活動の相互承認 | 「委員会・班活動でできない人がいたら相互に助け合って補い合おう。」 |
| ４）苦言の相互承認 | 「違うのではと感じたら、率直に言ってみよう。批判の前になぜそうしたのかを聞いてみよう。」 |
| ５）改善提案の相互承認 | 「みんなが仲良くなるために、何をどうすればいいか提案してみよう。みんなで考えてみよう。」 |

## （２）スローガンを前提にした学級目標の具体化と集団の力

　全体で認め合い支え合う相互承認のスローガンを作成しても、やはり具体的な問題になると子ども同士の能力差・意識差や人間関係の状況が影響し、「活動しない」「一緒にやれない」という問題が生じてくる。これらの解決には、妥協と調整の中で補い合うしかない。そのためには、“事前に確認する”“誘い合う”“声を掛け合う”“一緒に行動する”“アドバイスする”“できない部分を補い合う”などの行動を具体的に検討することが必要である。学級全体で大きな方向性を確認したら、さらに小単位の班・係で検討し、最終的には構成員の一人一人の状況に合わせた対応方法を検討することが重要である。本来的には学級目標は一人一人が理解して行動することで、現実的・具体的な目標となるからである。

　学級目標の具体化を図る上で、重要なことは意思疎通と相互の議論である。

大きな目標で一致すれば、具体的な方法を議論していく。子ども自身が個々
ばらばらに考える方が対立もなく平穏に見えるが、積極的な改善方向は生ま
れない。集団で検討していく効果は、第1にアイデアの数においても広がり
が出ること、第2に各個人の考え方の相違があっても集団の追求過程で相互
作用が見られること、第3にマイナス面を補う相互扶助の方法や姿勢がつく
り出されること、である。「3人寄れば文珠の知恵」は、前向きな方向で集
団思考した成果を表すことわざである。

　議論の最初の何回かは、話し合うことによって、逆に意見の相違や無力感
が意識されることがあるが、常時話し合いを繰り返していくと、克服して新
しいアイデアと妥協点を見いだせることも少なくない。この場合の集団の条
件は、指導‐被指導の関係を固定したものではなく、また否定的な意見や正
反対の意見に対しても対等率直に言える関係と雰囲気が重要である。そして
それぞれの意見と前向きな改善方向の提案を繰り返すことで、個々人のグ
ループへの役割貢献度感と責任感を高めていく。この集団の過程が形式集団
から相互作用をもたらす実質集団への質の転換の過程である。

　教師がある程度大きな方向で主導しつつも、目標に向けた行動の具体的な
部分の障害は、子ども集団の話し合いとアイデアの提案によって、目標に向
けたより現実的な改善方法が生まれてくる。

## （3）意見・アイデアを率直に出し合う雰囲気づくりと議論のマナー

　集団が活発に動くためには、まずは構成員の意見があまり重要な意見でな
くても出し合うことができ、それをみんなで議論するという姿勢が重要であ
る。意見を言っても反論しても許されるという雰囲気が、より良い意見に収
斂していく条件となる。重要でない意見も採り上げられることで、意見を出
した本人も認識が高まりより良い意見を出そうとする。より良い意見とそう
でない意見もあるが、あまりにも性急により良い意見に収斂させようとする
と、早く結論は出るが逆に納得しないので長続きしなくなる。より良い意見
への合意形成と時間の短縮は常に矛盾する関係にあるが、そのバランスの中
で運営するしかない。相互に議論のマナーを守るように心がけながらより高
め合う雰囲気を目指していくことが求められる。

　高め合う議論の雰囲気が低い場合と高い場合の要因には次のようなものが

ある。

**高め合う議論の雰囲気が低い場合と高い場合の要因**

| | 高め合う雰囲気が低い場合 | 高め合う雰囲気が高い場合 |
|---|---|---|
| 1） | 声が険しく鋭い | 声に親しみがある |
| 2） | 命令口調となる | 勧誘する言い方となる |
| 3） | 力で圧力をかける | 鼓舞する雰囲気がある |
| 4） | 相手がどうすべきか告げる | 私がどうするか告げる |
| 5） | 考えを押し付ける | 考えを売り込む |
| 6） | 支配する | 案内したり指導する |
| 7） | 命令する | アドバイスする |
| 8） | 批判して罰する | 勇気づけて援助する |
| 9） | 弱点や間違い探しをする | 到達点や前進を認める |
| 10） | 私が決めてあなたが従う | 示唆して決めるのを助ける |
| 11） | 誰かが決めて討議しない | みんなで討議する |

　集団的な力は、結論を伝えるだけではアイデアは浮かばず、目標設定過程に参加し、それに向けた提案と行動を実際に起こすことがやる気を引き出す。集団の構成条件はばらばらな個々人の集合ではなく、個性的な思考・発想方法と得意な部分の相互作用を含んだものであり、相乗的に影響し合うことの重要性を子どもたちにも伝える必要がある。

## 3. 学級の居場所づくりと学級経営の基盤づくり

### （1）学級の居場所チェックと居場所づくり

　認め合う雰囲気と議論のマナーを守りつつも、やはり個々の子どもにとっては居場所がないと感じる子どもも生じてくる。全体的には相互に高め合う集団的な運営を目指しながら、個々の子どもの居場所感もチェックしていくことが必要である。個々の子どもの居場所感については、個別に聞くことが重要であるが、短冊記入方式や個人別交換日記・家庭連絡ノートなどでも悩みや課題を把握できる。ある程度定期的に個々の子どもごとに個別面談を行うことも重要な居場所チェックとなる。

　個々の子どもの居場所のチェックポイントとしては以下のようなものがある。

**個々の子どもの居場所チェックのポイント**

| | |
|---|---|
| 1） | クラスの良いところと改善すべきところ |
| 2） | クラスを改善するための方法と自分で関われること |
| 3） | 自分が生き生きできるところと居心地のいいところ |
| 4） | 人間関係や活動で困ったこと |
| 5） | 「こんなクラスにしたい」という期待感 |

　これらの居場所のチェックポイントを踏まえた上で、個別的に解決できる問題と学級全体で議論して解決すべき問題を振り分けていく必要がある。個々の子どもの性格・能力や意識の違いによってはすぐに解決できない問題も少なくないが、少しずつ個々の子どもと学級全体に交互に働きかけていくことで、より多くの子どもたちにとっての、より良い学級の居場所づくりが可能となる。個々の子どもにとって居場所を感じることが、学級活動に対する前向きな意識も生まれてくる。これが学級経営の基盤となる。

## （2）居場所づくりのための教師の日常的な働きかけと学級経営の基盤づくり

　個々の子どもの居場所づくりと並行して、日常的な教師の働きかけと心がけで、学級の居場所づくりの雰囲気も高まっていく。

　居場所づくりのための日常的な教師の働きかけと心がけには、次のようなものがある。

**居場所づくりのための日常的な教師の働きかけと心がけ**

| | |
|---|---|
| 1） | 教師自身が常に笑顔でいるように務める |
| 2） | 教師も子ども同士も自然に挨拶するように務める |
| 3） | 教師と子どもが話できる機会をつくる |
| 4） | 皆がルールを守ることが大切であることを伝え続ける |
| 5） | 結束力を強くすることが重要であることを伝え続ける |
| 6） | 相互に誘い合うことの重要性を伝え続ける |

| 7） | 教師が一人一人を観察する時間を多く設ける |
|---|---|
| 8） | 教師と子どもが一緒に遊ぶ時間と機会を設ける |
| 9） | 子ども同士が一緒に遊ぶ時間と機会を設ける |
| 10） | 季節ごとに学級行事やレクレーションを開催する |
| 11） | 植物や動物を皆で育てる |

　これらの教師の働きかけと心がけで、教師と子どもや子ども同士の交流も盛んになってくる。それによって、子どもも学級の中での居場所も増え、学級が明るい雰囲気になってくる。これが学級経営の基盤を創ることになる。

第**6**章　内発的動機づけを高める学習の
相互理解と学習ルールづくりの対応

栩澤 実

**ポイントと対応課題**

①子どもたちは、他者との相互理解に基づく人間関係により、安心して
　学び合うことができる。

②集団としての多様な学びを意図的、計画的に展開していくことで、子
　どもたちが意欲をもってアクティブに学ぶことができる。

③子どもたちは，内発的動機づけに支えられた学習により、子ども本来
　の学びに向かい、課題解決する力や深い理解につなげていくのである。

④子どもたちの内発的動機づけを高めていくためには、「有能感」、「自
　己決定感」、「他者受容感」をもてる学習活動を重視する。

⑤子どもたちは、内発的動機づけを高める学習ルールに基づく活動によ
　り、意欲的な学びを可能とする。

## 1. 他者との相互理解に基づく学ぶ集団

### （1）他者との相互理解に基づいた安心感のもてる学級づくりと多様な学び合い

　学校では授業が、基本的に集団活動として実施されている。その中で、子
どもたちが学習意欲を高めるためには、一人一人が主体的に、しかも学級の
他の子どもたちとともに学習活動に参加し、協力的に活動したり、体験した
りできるような学び合う学習活動が必要である。

　しかし、この学び合う活動が成立するのは、子ども同士の相互理解に基づ
く、安心感のある他者との関わりが前提としてある。学ぶ集団として、お互
いに認め、認められるという支え合いによる学びが、仲間意識や連帯感を醸
成し、子どもたちに安心感をもたせ、学習意欲の向上と持続を可能とした学
びを実現できるのである。

　したがって、まず、子ども同士の円滑な人間関係を構築する必要があるが、

この関係を阻害する例としては、以下のようなものが考えられる。

**子ども同士の円滑な人間関係を阻害する例と具体的な原因**

| 阻害の例 | 具体的な原因 |
|---|---|
| （1）子どもから見た人権<br>　　阻害の例 | 1）子ども同士の人間関係のもつれ<br>2）子ども同士の排他性、敵視性や差別感、違和感<br>3）思春期の同調行動・同質化とグループ化による<br>　　異質性の排除（いじめの問題、不登校・学級崩壊<br>　　等の問題に発展） |
| （2）子どもの自己中心的<br>　　な思考の例 | 1）自分を基準にした価値観<br>2）自分を基準にすると、誰もが変に見える<br>3）自分の見える範囲以外は理解できない |

※図表は筆者作成。以下同様。

　この点を踏まえ、子どもたちが各々の人権を認め合い、安心して相互に関わりながら、一人一人の学習を支える仲間意識や連帯感の醸成を図ることのできる集団づくりを、意図的、計画的に展開していくことが重要である。

　そのためには、子ども一人一人の意識の変容が必要である。相互理解の基本は、「お互いに知り合おう、理解し合おう」という意識から始まる。「知らなくてもよい。知らないでおこう。」という意識は、他の人の行動を、いつまでも「変だ」と感じ続けさせ、相互理解には程遠い状況を堅持するのである。誰もが最初は赤の他人であるが、挨拶をして、声を掛け合い、共通の話題による会話を行うなどして、次第に知り合いになれるような学級における関係づくりが必要である。この取組が、排他性・攻撃性・違和感を払拭していくことにつながるのである。

　一方で、2017年3月に改訂された学習指導要領で、主体的・対話的で深い学び（「アクティブ・ラーニング」）の視点からの学習過程の改善という方向性が明確になっており、課題解決に向けた子どもたちの意欲的な学び方（「どのように学ぶか」）の工夫も求められている。

　一斉指導の場面で、子どもたちが自分の意見や考えを述べることは、緊張感を伴うとともに、自分の考えに自信を持つことができず、正解や不正解による周りの評価の目が気になるなど、意欲的な学習につながりにくい側面がある。

　このような場合、全体での話し合いの前に、子ども一人一人が自分の考えに自信をもったり、他の子の考えを知ったりできることは、意欲的な学びや、深い学びを図る上で大切なことである。

　子ども同士の学びの形態として、ペア学習や小集団（グループ、班）学習などがあるが、以下のような特徴をもっている。

**ペア学習と小集団学習の特徴**

| ペア学習 | 小集団（グループ、班）学習 |
|---|---|
| 1）気軽に感想や意見を述べたり、相談したりできる。<br>2）自分とは異なる他の考えに触れることができる。<br>3）自分の考えをふり返って確かめ、自信をもつことができる。 | 1）多視点からの発言により、自分の考えを深めたり、広げたりすることができる。<br>2）学習が遅れがちな子や消極的な子も参加しやすく、発言を期待できる。<br>3）ルールの定着により、子ども同士の主体的な学習が期待できる。 |

　また、グループ活動を効果的に進める手法としては、ブレーンストーミング、ウォール・ライティング、ディスカッション、バズグループなどがあるが、あくまでも子どもたちの課題解決に向けた、主体的な学びを助ける方法であり、目的ではないことに留意する必要がある。

　主体的、対話的で深い学びの実現には、学級の人間関係づくりや学習への取り組み方の工夫が必要不可欠である。

## 2. 内発的動機づけに支えられた学習活動

### （1）子ども本来の学びを促す内発的動機づけ

　学習の成果は、子どもたちの学習に対する興味や関心、意欲のもち方により、大きく左右される。学習への興味や関心・意欲は、心理学では動機づけと呼ばれている。

　動機づけとは、「行動を喚起し、一定の目標に方向づける過程、あるいは状態」（教育出版『多項目教育心理学辞典』）と定義され、行動の原動力として働く要求・欲求・動因・動機などの内的要因と、行動を導く目標や誘因、及び両者を結びつける行動の三つの側面を含んだ概念である。

　そして、どのような動機づけにより、子どもの学習意欲が高められるのか

を考えたときに、外発的動機づけと内発的動機づけの2種類がある。

　外発的動機づけと内発的動機づけについての要因や特徴については、下記のようなものがある。

**動機づけの要因と特徴**

| 動機づけの種類 | 要　　　因 | 特　　　徴 |
|---|---|---|
| 外発的動機づけ | （1）外部要因によって動機づけられる何かを得るための手段<br>・称賛、叱責、賞罰、報酬<br>・他からの評価、承認<br>・強制や義務 | 1）短期間で持続性が低い<br>2）受動的<br>3）常に与え続けなければならない<br>4）内発的動機づけのきっかけになる場合もある<br>5）報酬は内発的動機づけを低下させる |
| 内発的動機づけ | （2）内部要因によって動機づけられる活動自体が目的<br>・自分自身の興味や関心<br>・自分自身の楽しみ<br>・何かを成し遂げたいという意欲 | 1）長期間で継続的<br>2）能動的<br>3）困難な課題にも創意工夫を図りながら、解決していく<br>4）学習内容の深い理解につながる |

　このような特徴から、意欲の乏しい子どもを行動に移させるためには、称賛や叱責という外発的動機づけが有効に働く場合もあるが、持続性が低いため、常に与え続けなければならないという状況をつくり出す。また、罰による動機づけの場合は、学習効果を減退させたり、報酬は内発的動機づけを低下させたりする原因にもなり得る。学習活動そのものよりも報酬や罰に関心が向く外発的動機づけより、学習内容自体に関心が向き、子ども本来の「知らないことを知りたい」、「色々なこと学びたい」、「楽しみたい」という内なるエネルギーを基にした内発的動機づけによる学びが、自ら粘り強く課題を解決する力をつける上では、望ましいのである。

## 3. 内発的動機づけを高める要素に迫る

### （1）内発的動機づけを高める要素と自発的な学習

　子どもたちの自発的な学習活動を実現させるためには、内発的動機づけを

高める要素に迫る必要がある。その要素には、知的好奇心や自己有能感、自己決定感などがある。

　知的好奇心とは、理解していなかったことを理解したいという欲求のことである。新しい事実を発見したり、実験・観察により結果を出したりすることの楽しみが、内発的動機づけを高めていくのである。

　自己有能感とは、自分がある特定の場面において適した変化を引き起こす力があるという感覚のことである。自分が自分の力を発揮できる、または、発揮したいという気持ちは、人が元々もっているものであり、このような感覚を味わうことができるように、適度な困難性を有した学習課題の提示が、内発的動機づけを高めていくのである。

　自己決定感とは、自分の欲求を満たすための過程を、自分で自由に決定できる感覚のことである。人はこのような感覚を味わうことを好み、強制されなくても自主的に行動することができるのである。したがって、学習場面において、いつどこでするのか、何をどのようにするのかなど、選択の自由を与えることで、知りたい、理解したいという内発的動機づけを高めていくのである。

## （2）内発的動機づけを高める学習ルールと意欲的な学び

　学校において、学ぶ集団としての基本的な単位は、学級である。学級の中で、子ども一人一人が学ぶ力を付ける上では、個別の自主的な学びはもとより、集団としての自治的、自律的で、協力的な学びが影響を与える。

　学習ルールといえば、一般的には発言の仕方やノートの使い方等の学習規律を思い浮かべると考えるが、ここでは、内発的な動機づけを高める小集団グループ及び、課題発見や課題解決過程という視点からのルールづくりについて述べる。

　例えば、グループによる小集団学習を例にすると、グループの一人一人が役割をもっていること、他人任せにせず、自分の考えをもち、その考えを表現できること、時には批判的に意見交換する中で建設的に思考を進めることなどが、必要である。

　このような学習では、次のような学習上のルールづくりが重要である。

**学ぶ集団としてのルールのあり方と相互理解に至る理由**

| 学ぶ集団としてのあり方（ルール） | 相互理解に至る理由 |
|---|---|
| （1）一人一人のどのような考えも認め、認められ尊重されること | 　学習課題に誠実に向き合い、発せられる個人の考えは、どのようなものでも受け入れられ（間違っていても許される）、尊重されるという安心感に満たされた学級であることが大切である。<br>　そのような学級では、一人一人が積極的に取り組もうという内発的な動機づけを高め、さらに意欲的な学びを可能にするのである。 |
| （2）報われなかった結果をグループの責任にしないこと | 　一人一人がグループ学習に一生懸命に取り組んだとしても、その成果が報われないときもある。その結果をグループ全員の責任として扱わないことである。<br>　連帯責任として対応するのではなく、グループの中で、一人一人が自主的・自律的に課題を克服できるような指導助言を行い、次の学習への内発的動機づけを高めることができるような教師や子ども相互の関わりを大切にするのである。 |

　また、一人一人の学習への取り組み方として考えたときには、しばりを設けるという意味ではなく、子どもたちの自己決定感や自己有能感をもたせるために、以下のように、個人の心がけという意味で意識化し、あえてルールとするような取組も効果的である。

　自己有能感を持たせる学習への取り組み方としては、次のような心がけが必要である。

## 学習への取り組み方の心がけと自己有能感のもたせ方

| 学習への取り組み方（心がけ→ルール） | 自己決定や自己有能感のもたせ方 |
| --- | --- |
| （1）問題から学習の課題を自ら発見すること | 　教師からの問題提示に対して、課題の発見を教師からの指示待ちではなく、自ら発見することで、内発的動機づけを高め、意欲的な学習が可能となるのである。<br>　そのためには、新奇なものや、これまでの理解ではすぐに解決できないような適度な困難性を備えている、知的好奇心をもてるような教師からの問題提示も必要不可欠である。 |
| （2）課題の解決には、一人一人が独自で選択した方法で取り組み解決を図ること | 　課題の解決方法も結果の検証も子どもが主体となって取り組む（選択したり、考案したりして取り組むことも含む）ことにより、たとえ順調に解決できなくても、さらなる新しい方法を創造し解決に向かうことができ、その過程で自己決定感や自己有能感をもつことが期待できるのである。 |

　以上のように、学習における内発的動機づけを高める、子どもの一人一人の相互理解に基づく学びと学習ルールづくりにより、学ぶ集団として勢いのある、課題を自主的・自律的に解決しようとする明るい雰囲気の学級が創られるのである。

**参考文献**

文部科学省編『小学校学習指導要領解説　総則編』文部科学省、2017年
青木智子・山村豊編著『子どものための心理学　教育心理学・教育相談・支援』北樹出版、2013年

# Ⅲ

## 潜在的な子どもの
## 心をとらえる

# 序　潜在的な子どもの心を<br>とらえることはなぜ必要か

椥澤 実

　授業にしても、集団での行事への取組等にしても、学校の教育活動は、意図的・計画的に実施される。その際、「子どもの実態に応じた〜」という言葉を見たり、聞いたりする。目の前の子どもの実態把握をせずにすべての教育活動が行われるとしたら、期待される成果が十分に得られないことは、周知のことである。

　したがって、教育活動に関わる会議でも、「実態把握に努め対応することが大切である。」や「実態把握を基に推進していく必要がある。」等の話をよく聞いたり、文書への記述を見たりするのである。この「実態把握」すること自体は、当然であり大切なことである。

　しかし、留意することは、「実態把握」が、実は難しいという認識をもつことである。人間が情報を得るためには、直感を働かせるとともに、観察や様々な手段を講じる必要がある。つまり、ある手段のみで実態把握できるほど、子どもの実態は単純ではないという認識をもちながら、子ども一人一人について理解していく必要がある。

　子どもたちが見せる顔は、様々である。

・担任教師に見せる顔と他の教師に見せる顔
・教室で見せる顔と少年団活動や部活動で見せる顔
・学校での顔と家庭での顔

など、違いがあるのが普通である。

　特に、思春期を迎えた頃の子どもから、予想もしなかったような姿を見せられたり、他の人から聞いたりして驚くことも、よくある。その違いにこそ、子どもの潜在的な心を知る手掛かりがある。

　つまり、子ども一人一人の変化や違いを担任以外の教師や子ども、家庭や地域など多くの人たちから情報を得て実態把握に努めるとともに、関係機関との連携を図りながら、情報を共有できる学校づくりが大切である。また、

担任は、日頃より、担任以外の教師や子ども、家庭や地域の相談体制をはじめ、各々の居場所となる環境整備に配慮することも大切である。スマホの活用による、見えない相手との文字を通した不確実な情報による結びつきに居場所を求めるのではなく、日常の人間関係の中で、自分の居場所を確保できるような学校及び家庭、地域である必要がある。

　第7章では、子どもの陥る精神的不安について、その特徴や状況、子どもの発する言葉にならない言葉をいかにとらえるのか、信頼関係を築くための教師の配慮事項にはどのようなものがあるのか等について述べている。

　　・子どもの顔や態度が見えにくい状況
　　・子どもの声が聞こえにくい状況
　　・子どもの変化を感じにくい状況
　　・子どもの潜在的な不安

を把握し、受け入れ、対応することや、子ども自身もそういう状況が不安であることを自覚できるような環境を整備していくことにより、子ども一人一人が居場所のある学級へと変えていくことができる。

　第8章では、スマートフォン（以下、スマホと標記）利用の便利さと、その陰に隠れる依存症や派生するトラブル、危険性についての理解を深めるとともに、予防に向けた、子どもが自己をコントロールする能力を高める方法や保護者との連携、啓発のあり方について述べている。昨今、スマホのゲーム依存による睡眠障害など、健康への悪影響を懸念する声や、SNS利用による未成年者への犯罪被害の問題が、後を絶たない。なぜ、子どもたちは、ゲームに依存するのか。また、SNSを通じた顔の見えない相手との無機質な文字のやり取りを行い、そして、リスクを冒してまで、その延長線上に潜む様々な危険行為へと移ってしまうのか。さらに、SNS利用による誹謗中傷が原因で、第1章でふれた、いじめに発展するケースも増加の一途をたどっている。日々進化を続ける情報機器に対して、われわれ大人は、どのような心構えで受け止め、認識し利用したらよいのか。教室に自分の居場所を見つけられない子が、ネットの世界に身を寄せ、ますます孤立を深めるということのみならず、心配や不安ではなく、興味関心から依存という状況に陥り、人との関わりを自ら疎遠にする状況もある。（このことは、我々日本だけの問題ではない）

　大切な視点としては、大人の潜在的な心をとらえ認識することが、潜在的な子どもの心をとらえることになるということである。大人と言えども、日常生活において依存度が高く、様々なトラブルも起こしていることを考えると、子どもだけではなく、保護者を含め家庭での利用の仕方について、ルールをつくり守るという基本的な取組の徹底が、必要である。

　第9章では、これまで触れてきた潜在的な子どもの心をとらえるための取組について述べている。子ども一人一人の実態を把握するためには、多くの目で見守る、気づく、情報を共有し合う必要があるが、これらの対応を学校全体として組織的に取り組むことが大切である。中でも、個人のもつ悩みや困難の解決に有効な教育相談の取組は、今後、ますます重要度を高めてくると考える。教育相談について、文部科学省から出版された『生徒指導提要』には、児童生徒それぞれの発達に即して、

　　・好ましい人間関係を育てる
　　・生活によく適応させる
　　・自己理解を深めさせる
　　・人格の成長への援助を図る

ものであると定義されている。

　行き場のない、安心できない、身近な親にも相談できないという環境が、子どもたちを苦しめ、他の居場所を求めているのである。その心の叫びに気づくためには、いつでも、どこでも、誰でも、相談できる環境をつくる必要がある。そのためには、複数の教員が、専門家が、協力し組織として対応できる学校となるべきである。また、仕組みが整っていても、機能しなければ、絵に描いた餅に過ぎない。日常的に、子どもが相談したいときに、気軽に相談できる対象が複数いることで、子どもたちは、相談したい人に内なる声を発することができる。そして、その情報を組織として共有することにより、子ども同士の人間関係などの悩みへの対応策を講じ、良好な人間関係づくりや学校生活への適応を図ることにつなげていくことが、重要である。

**参考文献**
文部科学省編　『生徒指導提要』教育図書、2010年

# 第7章 子どもの潜在的な不安心理をとらえる対応

玉井康之

## ポイントと対応課題

①子どもの孤立化は、短期的には集団の束縛から自由になるが、長期的には精神不安に陥り、自己肯定感を下げていくことも子どもに考えもらう。

②問題ある子どもが、集団化の中でさらに攻撃的になる側面と、逆に心が落ち着く側面の両方があることをとらえておく。

③思春期の子どもに対しては特に"言葉にならない言葉"をとらえる観察力が必要になる。

④ほめる効果やピグマリオン効果を指導に生かす必要がある。

⑤改善プロセスが見えるアドバイスをした上で、子どもが自分で選択するように仕向けることが重要である。

⑥特に精神的に挫折しやすい子どもの場合には、傾聴・受容・自己開示等のカウンセリングマインドの観点を踏まえる必要がある。

⑦教師による声かけと接触頻度効果を高めることが、信頼関係をつくる上で重要である。

⑧子どもには、特定の人だけでなく複数の相談相手を持つように勧めることが重要である。

⑨校内の集団的な相談体制と学校外の専門家との連携を組織的につくることが重要になる。

⑩子どもの誰もが"個と集団"のバランスの難しさを抱えていることを、子どもが意識しておくことも必要である。

⑪子ども自身も、思春期の潜在意識や悩み方の特徴を学ぶことが、「自分だけではない」という安心感につながることもある。

# 1. 思春期に見られる子どもの孤立化の中での潜在的不安と学級経営の不安定要素

## （1）子どもの孤立化による精神不安と学級経営の不安定要素

　思春期前後になると発達段階からしても不安定になるが、子どもの不安心理が強い場合には、何となく学級の中での居心地も悪くなり、学級経営も不安定になる。特に現代の子どもたちは遊びの中でもバーチャルな関係が多く、日常的な人間関係が希薄になればなるほど、子どもたちは潜在的に不安感を高めていく。子どもたちの孤立した生活は束縛もなく自由になるが、逆に孤立化は長期的には認められていないという意識に変わり、自己肯定感を下げ、自暴自棄的・自己否定的になる。すなわち孤立した中では、短期的には人間関係の煩わしさから解放される一方で、長期的には自分の意見を肯定されることもないため、自己肯定感は高まらない。

　また孤立的な関係の中では、友だちとの妥協や調整も必要もないため、自分に都合のいい思考の中で、被害者意識や英雄意識をつくりやすく、そのため他者に対して一方的・攻撃的になる場合もある。この子どもの孤立化の中での不安性と攻撃性は、現れる形態は逆であるが、孤立的な関係から起因する同類の症状でもある。このように心理的に個々の子どもの不安感が強くなれば、学級は不安定になり、学級経営の基盤が損なわれていく。

## （2）自立期における社会性獲得の葛藤と学級の不安定要素

　子どもの発達は、いわゆるギャングエイジ期・思春期・自立期へと段階的に発達する。ギャングエイジ期から思春期に移行する過程では、身体的成長だけでなく、自立性・社会性が発達するなど精神的成長が見られる時期である。一方社会性が形成される反動として人間関係や周りの目を意識し、社会的プレッシャーによる自己抑圧や自信喪失など、成長と退行のジレンマを繰り返す時期でもある。このような社会性獲得期におきる悩みと葛藤の特徴を、学校関係者も子ども自身も知っておくことが求められる。子ども自身も自分の発達・成長の特徴を知らないので、成長の過程で生じる悩みの特徴も分からなくなる。

　自立期は社会性獲得の過程で葛藤を伴うが、その特徴は以下のようなものがある。

**自立期の社会性獲得の特徴と葛藤**

| |
|---|
| 1）社会集団の中で他人と自分を比較するようになる。 |
| 2）社会性を意識するため、逆に同調行動も強くなる。 |
| 3）大人扱いされたいが大人になれない自分とのギャップが拡大する。 |
| 4）成長行動と同時に退潮行動が並行して見られる。 |
| 5）思春期から自立期への変化の個人差が激しく現れる。 |
| 6）新たな挑戦を始めようとするために、逆に不安も大きくなる。 |
| 7）誰もが人見知りするが、自分だけが人見知りすると思い込む。 |

※図表は筆者作成。以下同様。

　ギャングエイジ期から思春期への移行は、社会性の意識が高まると同時に社会的な不安を伴うが、その変化の時期は極めて個人差が大きく出る。そのため、他人と自分の違いもまた大きく意識される。期待する自分像と今の自分との落差、進んだように見える他人と遅れた自分の落差が大きく意識され、それが緊張感や不安感をもたらしていく。この個人差は、早く成長しても遅く成長しても他人との違和感を感じることになる。思春期に入っての適度な緊張感は、社会的に成長していることの証しでもあるが、不安感だけが先に生じるため、誰もが自分だけがうまくいっていないと思い込んでしまう。

　このように思春期は大人になる上での社会的プレッシャーを受け、誰もが社会的な関係の中で居心地の悪さと不安を感じている。これが原因となってしばしば中1ギャップのように、反抗的態度や排他的態度になって現れたりする。思春期にはこのような意識を潜在的に持つことを理解し、そのことを子どもと共感・共有する必要がある。また新たな挑戦は不安が拡大するために、小さな克服と達成感を繰り返していくことが、やがて大きな挑戦に踏み込む条件になることを理解し、長期的な発達を待つことが重要になる。

## （3）逸脱行為を起こす子どもに典型的に見られる心理的特徴と学級の不安定要素

　思春期の子どもの潜在的不安がもたらす心理的な影響としては、とりわけ逸脱行為を起こした子どもに典型的に見られる心理的な特徴をとらえることで、思春期の心理的特徴をとらえることができる。なぜなら思春期には、逸脱行為を起こす子どもと同様の心理的特徴や現象が現れるからである。

　思春期の子どもの逸脱行為に走る心理的な特徴としては、次のようなものがある。

**逸脱行為に走る子どもの心理的特徴と具体的状況**

| 逸脱行為に走る子どもの心理的特徴 | 心理的特徴がもたらす具体的状況 |
|---|---|
| １）表層的人間関係による精神的疲労 | 本音を語れない人間関係に疲れて、ある段階から他者に我慢ができなくなる。 |
| ２）自己の劣等感 | 自己イメージに劣等感を伴い、それを周りから指摘されることに恐怖感と反発心を高める。 |
| ３）追い詰められた心境 | 客観的には重大な問題でなくとも、単線的な見方の中で、主観的には追い詰められていく。 |
| ４）自殺願望 | 急激に落ち込み自殺願望や自殺未遂が見られるが、逆に他人を傷つけることも抵抗感がなくなる。 |
| ５）強さの誤解 | 強さや男らしさは、腕力・武器・攻撃性であるというイメージを強く持っている。 |
| ６）観念的な思考 | 具体的な問題に取り組んだ経験が少ないことが原因で、観念的・固定的な思考が多くなる。 |
| ７）自分の方法に固執 | 自分のやり方に極端に固執し、柔軟に変更することができない。 |
| ８）相手への共感性の欠如と否定 | コミュニケーション不足が、さらに相手の微妙な気持ちを共感的に感じ取る必要性を否定していく。 |

　このような逸脱行為を起こす子どもの特徴は、人間関係の希薄化を契機として、さらに人間関係をつくろうとしなくなり、徐々にコミュニケーションを取ること自体を否定していく傾向が強くなっていく。そして子どもの人間関係をつくる機会が失われるほど、「親や大人は自分のことを分かってくれない」という意識も強くなる。元々多様な人間関係をつくることが苦手な子どもほど、このような傾向に陥りやすい。このような意識は、逸脱行為を起こす子どもに典型的に見られるが、一般的な子どもの心理としても大なり小なり存在している。

## （ 4 ）気づいて欲しい悩みと葛藤の克服による学級の基盤づくり

　問題がないように見える子どもも、内面では悩んでいる場合も多く、特に思春期には本人の悩みと見え方のずれが生じる。思春期の子どもは表面上は取り繕うことを意識するため、最初は本人の潜在的な悩み・不安が生じても、その変化は表面上は見えない。その悩み・不安が深化してから、何らかの態度・表情に現れる。悩みや不安は、表面には出さないが、それでも子どもは本当は気づいて欲しいと感じている。

　悩み・不安を持つ子どもでも、一定の時期が経つと、大部分の子どもは、悩み・不安を感じていた事象に慣れてきたり、悩み・不安を忘れたりしながら乗り越えていく。一方悩み・不安が解消できない子どもの場合は、気づいてもらえない時期が一定程度続くと、悩み・不安に気づいてもらいたいという気持ちが大きくなり、「もっと大事にされたい」「もっと注目されたい」という焦り・いら立ちの気持ちが生じてくる。

　そのため何らかの気づいてもらうための行動を起こすようになる。これが思春期の子どもの不安のサインである。その行動は、微妙な態度の変化であったり、誰もがしないような突拍子もない行動であったりする。しかしそのような行動も周りから受け入れられずに、さらにもっと突拍子もない行動に走る場合もある。表面上は問題のない"普通の子"が、鬱屈した心理を内面に秘めて、あるときからプレッシャーの反動として急激に行動が変化する場合もある。

## （ 5 ）帰属グループによる影響と心の居場所による学級の基盤づくり

　鬱屈した意識が外に現れるときには、元々自己劣等感を潜在的に有するために、存在を認めてくれる仲間を探して小グループ化する傾向も出てくる。その場合の劣等感を持つ子どもは、自分に自信がないので帰属グループに流される傾向が強い。グループ化する傾向としては、性格的に類似の子どもが集まる場合が多いが、その中に別の性格の子どもが入っている場合には、グループの中で差別的な関係性が生まれる場合もある。

　子どもがグループの雰囲気に流される傾向としては、二つの両極の傾向がある。一つの傾向としては、グループ共有の不安・悩みを、グループ外への排他的・攻撃的な形で発散させる場合がある。これはリーダー格にフォロ

アー格が付き、フォロアー的な立場を得ることで、補い合って加速する場合である。これによって当該の子どもは仲間集団との一体感を得る。

　もう一つは、グループ内で子どもが仲間から慰労されたり、「不安な気持ちは自分だけではない」という意識が安心感になり、不安から来る行動・サインが減速されて心が落ち着くようになる場合である。元々思春期は、身体が大人と同じになり大人扱いもされるが、一方で社会的には自分で自立できる条件や技能もなく、悩み・不安は大きくなる。

　思春期では試行錯誤の中で失敗もするが、悩み・不安を聞いてもらったり、アドバイスしてもらいながら、徐々に技能を会得し、社会化していく。社会化のためには、その時々の家族・友だち・教師・大人などの心の居場所が必要になる。その媒介として重要なのが、人との会話・コミュニケーションであり、これが試行錯誤の中での心の支えとなる。安心して認めてもらえるところ、守ってもらえるところ、支えてもらえるところがあるから、試行錯誤の中で失敗しても、善悪を一つ一つ身につけていくことができる。

## 2. “言葉にならない言葉”の把握と子どもへの期待感による学級の基盤づくり

### （1）教師と子どもの「指導 - 被指導」の立場の違い

　教師と子どもは、「指導 - 被指導」の立場が異なるために、子どもは教師の前では、自分の内面を見せないことが多い。それは、「教師に知られたら自分の評価が下がるのではないか」とか、「自分のミスや力不足を叱られるのではないか」などの意識が働くからである。とりわけ小学校高学年からの思春期以降は、子どもは自分の周りとの社会的関係や他者から見られる評価を意識するために、教師からの評価も強く意識するようになる。したがって教師から見ると、子どもと普通に会話していて何の変化もないが、実は子どもは内面では不安感が高いこともある。教師と子どもは、指導と被指導の立場の違いがあり、教師が普通に会話しても、子どもの方が普通に会話できない状況にあることも、教師が意識しておかなければならない。

　そのため、あえて意識的に子どもの声に耳を傾けるとか、言葉を変えて何度も尋ね直してみるなど、意識的に心を引き出すようにしなければ、子どもの本音はなかなか見えてこない。コミュニケーションの形態として威圧した話し方になっていないかかどうかを意識し、双方向・直接会話を心がけるこ

とが重要である。

## （2）教師による子どもの"言葉にならない言葉"の把握と学級の基盤づくり

　思春期には、内面の意識を言葉や表情に出さない傾向が強いが、そのため"言葉にならない言葉"、すなわち態度・表情や雰囲気の中で微妙に読み取れる内面の言葉をとらえる必要がある。このためには、「子どもが考えていることは何か」という関心を持ち続けること、意識して問い続けることが重要である。

　言葉にならない言葉をとらえる観点としては、次のようなことに留意しておくことが重要である。

#### "言葉にならない言葉"をとらえる観点と留意事項

| 観点 | 具体的状況 |
|---|---|
| 1）表情 | 暗い顔・厳しい目つき、など |
| 2）態度・行動 | 身体安定性・貧乏揺すり・強い反抗的態度、など |
| 3）軽率な否定語 | 「うるさい」・「べつにぃ」・「何でもない」、など |
| 4）非参加的会話 | 寡黙・皮肉・揚げ足取り、など |
| 5）身体の不調 | 胃炎・心身症・頭痛、など |
| 6）睡眠障害 | 寝坊・昼夜逆転・長時間睡眠・居眠り、など |
| 7）空想 | 夢・悪夢・夢想、など |
| 8）書き込み | ブログ書き込み・生活日記・生活ノート、など |

## （3）ほめることによる親近感とピグマリオン効果による学級の基盤づくり

　子どもは基本的には認められることにより、その人への心を開いていく。そのためには、具体的に子どもの変化をとらえて、意識的にほめることが重要である。ほめる効果は、低学年ほど高い。ほめるための条件は、あらゆることをほめようと意識して観察し、微妙な変化をとらえたり、子どもと会話することで見つけやすくなる。むろん問題ある行為に対しては、叱ることも重要であるが、叱ることが効果を持つためには、普段はほめること、そしてほめることと叱ることの区別をつけることが重要である。元々日本の教師は

ほめることよりも叱ることが多く、タテ社会の関係性の中で指導することが多い。

　教師が意識的に子どもをほめる観点としては、以下のようなものがある。

**教師・大人が子どもを意識的にほめる観点**

| |
|---|
| 1 ）子どもの気づき・発見・知識 |
| 2 ）子どもの細かい観察力・創造力・思考力 |
| 3 ）自律的・自主的に行動したこと |
| 4 ）少しでも伸びた伸びしろ |
| 5 ）子どもの特技・関心事項 |
| 6 ）家事や地域で活躍していること・お手伝い |

　これらのほめることによる効果は、1 ）課題をこなせるだろうという自信ができる、2 ）新たな課題に挑戦的になれる、3 ）失敗したときにもくじけることが少なくなる、などの効果がある。

　また子どもに期待をかけることは、期待に添うように変わろうとする内面的な意欲を高めるピグマリオン効果をもたらす。期待に添うように努力することは、自らを律することを伴うため、ピグマリオン効果によって、結果的に自律意識や責任感も高まっていく。このようにほめたり期待することによって、子どもの生き方を軌道修正したり、小さな伸びしろをさらに伸ばしていくことが重要である。

## （4）改善のプロセスの可視化とアドバイスによる学級の基盤づくり

　失敗したときや不安が高いときは、改善のプロセスが見えて、改善課題をこなすことで目標に近づけるだろうというアドバイスが、改善の意欲を高めていく。大人から見て成功が予想できる場合でも、それを単に子どもに指示・命令するだけでは、子どもは納得して行動できるわけではない。子どもにとって改善のプロセスが自分で見えない場合には、主体的な意欲や行動力を高めることはできない。アドバイスは、目標までのプロセスを示しながら、自らの意思で選択していく過程が不可欠である。アドバイスをする中で、失

敗の原因・理由を自分なりに考えたり、具体的な行動の改善目標を自分で考えるように仕向けていくことが重要である。子どもが長期的に成長するためには、アドバイスを受け、子どもが自分で原因・理由を考えて、自分で選択していくことが重要である。

## 3. 挫折する子どものカウンセリングマインドと信頼関係構築による学級の基盤づくり

### (1) カウンセリングマインドの基本的観点と配慮による学級の基盤づくり

　様々な期待をかけアドバイスをしても、精神的に挫折する子どももいる。その場合には教師がカウンセリングマインドを持って、対応する必要がある。カウンセリングの一般的方法は、潜在的に相談したいと考えている子どもに対して、自己開示・傾聴・受容・繰り返し復唱・支持・同調・課題の明確化、などの手法が用いられる。

　この場合教師が子どもから聞き出すときに配慮する事項は以下のような点がある。

**カウンセリングマインドとして配慮する事項**

| |
|---|
| 1）秘密保持の原則を確認すること<br>（同僚と対応方法を共有することとは矛盾しない） |
| 2）優しい感じで話しやすい雰囲気やくつろいだ雰囲気を創ること |
| 3）理屈ではなく、感情を理解・共有すること |
| 4）「思い出したくないよね」「話すのがつらいかも」など、つらい気持ちや感情を分かろうとすること |
| 5）言葉数が少ない場合には、好きなことや興味のあることなど、相手の話しやすい話題にそって、話を進めていくこと |
| 6）聞く側が具体例を示して尋ねること |
| 7）相手の話が出なくても長時間待ち、性急な提案や催促はしないこと |
| 8）何回でも同じ相談を繰り返していくことを前提にして進めること |
| 9）場合によっては学校のない土日や夜の時間帯を利用すること |
| 10）本人の言葉だけではなく、親や他の教師から状況を聞き取ること |

　思春期は、相談できる場があっても、相談に行かない傾向もある。そのた

め、教師から子どもに声をかけ続けて、何か問題が起きたり、深刻化する場合には、相談に乗れる用意があるというメッセージを送り続けることが重要である。逸脱行為を起こす場合にも、気づいて欲しいというサインを出しながらも、気づいてくれないという焦りや相談に行けないという反発感が、突発的に問題を起こすことにつながる。

## （2）人間関係の妥協・調整による相互互恵と温かい関係づくりによる学級の基盤づくり

　不安・悩みが深くなっているときは、誰でも自分だけが不幸な目に遭っていると考えがちである。これらは根深い被害者意識を生み、他者や見えない社会への嫉み・恨みや報復意識を生み出したりもする。また自分が見守られていないという意識から、自分のことだけを理解して欲しいという欲求が高まっていく。この自分だけが不幸な目に遭っているという被害者意識が、周りの家族や友だちにも攻撃的に不満が向けられるために、周りの人もその人を敬遠するという悪循環に陥っていく。

　しかし本当は、つらい経験を持っているのは、自分だけではなく、ほとんどの人はつらい目に遭っていることに気づかせることが必要である。そのつらい思いをどこかで乗り越えようとしている経験を子ども間で共有することが必要である。むろんつらくなってから、その気持ちを否定しても、見放されているという気持ちになるために、日常的な活動の中で、自分だけでなく誰もがつらい経験をしていることを学習していく必要がある。

　また何も問題が生じていないときには、世の中には、悪い人もいるがいい人もいること、運がいいときもあれば運が悪いときもあること、楽なときもあれば苦しいときもあること、などの気持ちの持ち方も学ぶ必要がある。人はつらいとき、苦しいときを強く意識するが、思い出してみると、友だちと楽しかったことや成長したこともあったことを思い出すことができる。楽しかったことを思い出すことで、人はつらかったときしか意識していなかったことに気づくことができる。

　このようなことに気づいてもらうためにも、日常的な関係の中で、学校・友だち・家族の良かったこと、楽しかったことを見直したり、自分のことを思って叱ってくれる友だちの重要性を語っていくことも必要である。友だちとの信頼関係は、最初からある与件ではなく、日常的に関係づくりを意識す

る中で徐々につくられることを心がける必要がある。

### （3）教師等による声かけと接触頻度効果による学級の基盤づくり

　温かい雰囲気と居場所は、子どもが寄ってこなくても、教師が子どもに声をかけることで醸成される。接触頻度が高い人には、それだけ親しみ感が高まる。特に思春期の要求は、個別の話し相手の要求が大きい。子どもへの接触頻度を高めるためには、教師が子どもに直接働きかけるだけでなく、子どもから子どもへの接触・声かけを促すことも重要である。どんな子どもも相対的に親しいと感じる人はいるので、友だち同士で信頼できる人を結びつけることである。人間関係づくりは、特定の友だちから入っていくが、昔の同級生など、学校以外にも親しいと感じる人はいるので、学校を離れた友だちへの相談を奨励する必要もある。

　教師による子どもへの接触頻度を高める方法には、以下のような方法がある。

**子どもへの接触頻度を高める方法**

1）日常的な声かけ
2）定期的な面談
3）通信と返信
4）家庭連絡帳
5）家庭への定期的な電話

## 4.　"個と集団"のバランスに関する子どもたちへの啓発と学級の基盤づくり

### （1）"個と集団"のバランスの難しさの自覚と学級の基盤づくり

　子ども自身は、「悩んでいるのは自分だけ」だと思っている子どもが少なくないが、実際は誰もが集団の中で、悩む経験を持っている。元々集団の中では必ず、各自の居場所の有無や、集団と自分の目的・関心の離齬や、暗黙の序列や圧力、などが存在する。それらを誰もが意識したり、悩んだりすることを伝えていく必要がある。すなわち誰もが"個と集団"のバランス関係の難しさを調整しながら成長することを認識してもらう必要がある。集団は不自由さを感じる場合もあるが、互助や協働的な関係の中で、自分へのフォ

ロアーにもなっている。そのため学級の集団づくり・居場所づくりも、協働的な関係をつくる重要な要素であることを認識する必要がある。

　また学級集団は、自然にできるものではなく、意識的につくっていくものである。そのため、学級の中での、遊び・体験活動・役割分業・ソーシャルスキルトレーニング・コミュニケーションゲーム・相互承認の取り組み・集団運営トレーニング等、教師が様々な集団関係をつくろうとする姿勢が重要である。集団を意識的につくろうとする力が、学級の中での子どもの居場所をつくり、不安になる子どもを減らす雰囲気を創る条件となる。どのような場合も、すべての活動を平等にすることはできないが、子どもたちの姿勢として、"All for One ,One for All"（一人は万人のために、万人は一人のために）の姿勢や、集団の中での相互協力や相互のいいところを確認し合う姿勢の重要性を啓発し続ける必要がある。このような地道な集団づくりの啓発が、学級全体の協働的な関係をつくっていく。

## （2）子どもが陥りやすい心理的特徴の啓発予防活動と学級の基盤づくり

　思春期の子どもたちが陥りやすい心理状況を一般的に解説することで、ある程度「自分だけではない」という心理的負担感の軽減と予防的効果を高めることができる。

　思春期の子どもが陥りやすい心理的特徴としては、以下のようなものである。

**思春期の子どもが陥りやすい心理的特徴**

| |
|---|
| 1）小学校高学年から中学校にかけては、もやもやした気持ちが出るが、なぜ自分の気持ちがもやもやしているのか分からない。 |
| 2）自分も含めて誰もが悩んでいることを表に出していないことに気づいていない。そのため悩んでいるのは自分だけだと思ってしまう。 |
| 3）悩むことは、見えなかった課題が見えるようになった成長の証しであることに気づいていない。 |
| 4）大人になる過程では、他者依存と自立を交互に繰り返し、徐々に社会性・自立性を身につけるという成長法則を自覚していない。 |
| 5）物事の評価は単線ではなく、同じ現実を別の評価基準で見ると、評価や価値観を転換できることを理解していない。 |

| 6) 言い換えるだけで、マイナス面がプラス面になるなど、見え方が変わってくることを認識していない。 |
| 7) 誰にでも到達プロセスに個人差と多様性があることがむしろ普通であることを認識していない。 |
| 8) 誰もがまだ全部を知らないで判断している場合が多いことを認識していない。 |

　これらの心理的特徴は、みんなが等しく陥る発達過程の特徴であることを教師が解説するなどして、子どもが自分のもやもやした気持ちの普遍的な特性を認識しておくだけで、気持ちが楽になる。それを補完するためにも、学校全体として、「気軽に相談した方がいい」「仲間同士で悩みを語った方がいい」という予防啓発をし続けることが重要である。いろいろな人に話すことで、問題を自覚したり、他者の別な判断を取り入れたりできる。そのための集団的な関係を日常的に意識してつくるように啓発することが学級の基盤を創っていく。

# 第8章 SNS利用による潜在的な人間関係のゆがみへの対応

川前あゆみ

## ポイントと対応課題

①スマホは、クリックを続けるなど、刺激‐反応の単純な神経回路の繰り返しにより、スマホ依存症になりやすいことを意識する。

②大人がスマホの機能を使えなくても、子どものスマホの利用方法に関心を持ち、声かけすることが、自己規律を高める上で重要である。

③メールは、直接的な人間関係能力を低下させる要素を含むことを自覚する必要がある。

④スマホ利用犯罪の多様な形態を知り、予防の心構えを意識することが重要である。

⑤家庭で子どもが最低守るべきルール・マナーを話し合い、それを学校と家庭が連携して守らせることが重要である。

⑥万一ネット利用等の被害に遭ったときには、いつでも相談できることを伝えておくことが重要である。

## 1. スマートフォンの依存症と直接的人間関係の希薄化による学級経営基盤の崩壊

　スマートフォンは、便利な機器である一方でスマートフォンだけで会話したり遊んだりできるので、近くの友だちも不要になる。すなわち身近な学級の人間関係も壊れていき、学級経営の基盤が失われていく。すでに低年齢まで広がったスマートフォンの生徒指導上の課題が指摘されて久しく、これにより読解力も低下するとみられている。スマホは、クラスの過半数の子どもが持ち始めると、「みんなが持っている」という同調行動により、いっそう早く普及する傾向にあり、さらに新たな機能・容量が拡大したスマホは、新しいスマホを持つことがブランド化する。

　このスマホは、しばしば"はまる"という言葉で表現されるように、熱中

して触り続ける依存症をもたらす。スマホは、興味ある画面をクリックすると新しい画面に切り替わり、さらに興味があると思う画面を追い求めていく。すなわち、新しい画面が出る度に新しい刺激がもたらされるため、刺激←→反応の単純な行動が繰り返される。開いた画面も深く読解するよりも、瞬間的なイメージを受け取っただけで次のページを開いていく。難しい思考に慣れていない子どもほど、単純な神経回路に影響されやすくなる。

　このようなスマホのインターネット画面と同様に、スマホに付随しているゲームも同じ効果を持っている。LINE やメーリングリスト等の特定会員アプリを使ったメールコミュニケーションでは、メールの深さよりも、数を競い合う雰囲気もあり、メールに束縛されながらも、メールコミュニケーションを自分で推進していく。さらに様々な機能を持つスマホは、それらを駆使することで便利さが増すために、ますます使う動機が高まっていく。

　このスマホにはまる動機づけと利用要因としては次のようなものがある。

## スマホにはまる動機と利用要因

```
1）画面が連続するインターネットの刺激・反応の常習性
2）読書よりも気軽な映像・動画
3）気楽に書き込める匿名性のブログ
4）人間関係の苦手な子どもの非社会化・現実逃避
5）希薄な人間関係の中でのネットの中での一体感欲求
6）仲間はずれやコメント要求への恐怖による利用
```

　※図表は筆者作成。以下同様。

　低年齢層ではこのような動機でスマホにのめり込むが、このようなスマホにのめり込む子どもたちが陥ちいる依存症としては、次のような症状が見られる。

## スマホ依存症の症状

```
1）スマホを見ながら寝て朝すぐにスマホに触る。
2）スマホを持って出ないと不安になる。
3）財布よりもまずスマホをもつ。
4）充電器を持ち歩き、電池切れを避ける。
5）食事中にスマホをいじる。
6）いつも SNS の書き込みネタを探す。
7）授業中・打ち合わせ中にもスマホを見る。
```

　8）会話中など、場所をわきまえず無意識に画面に触る。

　9）読書や活字を読むことに抵抗感を持つ。


　スマホ依存症の子どもは、便利な道具を使いこなしているという意識のために、スマホ依存症となっている自覚がない。そしてパソコンに比べていつでもどこでも時間が空いたときに常時インターネットにつなげるために、より依存症になりやすくなる。

　いったんスマホ依存症に入り込んでいくと、周囲の人が教えてあげないとスマホを操作している人自身は自覚できない傾向にある。そのため友だちが、「使いすぎでないか」と気づいてアドバイスをしてあげることが依存症に気づかせる上で重要である。

## 2. 子どものスマホ利用機能の拡大と保護者の声かけの必要性

　携帯電話の進化版であるスマホは、基本的には電話の機能から出発しているため、保護者が子どもに買い与えるときは、子どもと連絡を取る電話としてまず買い与える。しかし実際には、スマホはパソコンと同じなので、ほぼソフトをダウンロードすれば、無限大に機能が広がり、冷蔵庫と洗濯機以外の家庭電気製品は、すでにスマホに入っていると言われている。すなわちスマホは、電話というよりも総合電子機器であり、実際に子どもたちは、電話以外の利用時間の方が圧倒的に多い。

　スマホの主要な利用機能は、以下のものがある。


**スマホの無限大的な機能拡張と主要利用機能**

| | | | |
|---|---|---|---|
| ・電話 | ・アラーム | ・地図 | ・世界時計 |
| ・メール | ・動画 | ・GPSナビ | ・カレンダー |
| ・インターネット | ・テレビ | ・万歩計 | ・電子手帳 |
| ・電子マネー | ・ラジオ | ・カメラ | ・メモ |
| ・お財布 | ・ムービー | ・ボーディングパス | ・電卓 |
| ・バーコード | ・音楽 | ・リモコン | ・辞書 |
| ・クレジットカード | ・ボイスレコーダー | ・目覚まし | ・電子本 |
| ・タブレット | ・電子手帳 | ・防災速報 | ・対戦ゲーム |


　スマホのアプリケーションは日進月歩開発されているため、子どもは保護

者が知らない使い方をしているのが実態であり、保護者が常に子どもたちの使い方に関心を持ち、子どもに尋ねながら利用方法の自覚を促すことが必要である。小中学生の場合は、保護者が携帯電話料金を払っており、保護者が買い与える前に、利用時間・料金・アクセス先・ブログの書き込み・メールの交換方法などの使い方を話し合って、マナーと約束を守ることを決めておく必要がある。

　さらにスマホは、使うにつれ便利な機能だけが意識されてくるため、購入したときだけでなく、日常的に声かけしていく必要がある。例えば、「どんな機能をどのように使っているか」「サイトは、どんなものを見ているか」「SNSで誤解や仲間はずれなどは起きていないか」など、常に危険性やコミュニケーションツールとしての人間関係のゆがみなどを問いかけることが重要である。子どもは、「どうせ親はスマホはよく分からないだろう」と見ている場合も多い。保護者自身が使えなくても、「関心をもって見守っているよ」という親から子どもへのメッセージと雰囲気が重要である。子ども一人一人の具体的な利用内容を把握しようとする保護者の姿勢が、子どもの危険予測とモラルの意識を高め、無意識に逸脱行為に対する自己コントロール能力を高める条件となる。

## 3. スマホによるコミュニケーション形態の変化と問題性

　スマホではいつでもどこでも連絡でき、メールも24時間送受信が可能となった。一方メールによるコミュニケーションは、希薄な関係や誤解を生み出すことも認識しておき、直接コミュニケーションを意識的に増やすように心がけさせることも重要である。

　メールコミュニケーションがもたらすコミュニケーションの影響としては、次のようなものがある。

**メールコミュニケーションの特性と子どもにもたらす影響**

| |
|---|
| 1）簡単で短い文章・絵文字・感覚文によって文章を構成することが多く、論理的に積み上げる言語能力・論理構成力を失わせる。 |
| 2）相手の態度・表情や細かい雰囲気が伝わらず、意図を汲みにくい場合や誤解を生みやすい。 |

| 3）疑問型の文章は、相手の感情によって、マイナス用語として受けとめられやすい。例えば、「それどういう意味？」「なにしてんの？」なども、否定語や皮肉語として受け止められやすい。 |
| --- |
| 4）集団的な話し合いよりも個対個のコミュニケーション形態が多く、コミュニケーションの個別化が進展する。 |
| 5）一斉に伝達するSNSアプリなどは、個々の状況を踏まえた連絡ができにくい。 |
| 6）読後の返事を要求することが、相手の都合に関係なく、コミュニケーションスタイルを拘束する。 |

　メールでの表現を豊かにしようと絵文字や感情記号を多用しようとするが、やはり直接的に相手の表情・雰囲気を見ながら会話することに比べると、メールの意図を微妙なニュアンスの違いで読み取ることはできない。メラニアンの法則でも指摘されるように、相手の意図は、文字内容よりも、それを表現する表情・態度などによって、意図を判断する割合が圧倒的に多い。

　メールで受けた連絡や会話にはメールで返すことが多いが、意図を読み取りにくい内容や誤解をもたらすのではないかと思われる内容は、直接的に連絡して話す方が、意図をより正確に読み取り、誤解を解消することができる。すなわちメールコミュニケーションはそもそも誤解とずれが生じるものであることを伝え、誤解があった後は、必ず直接会って話すことを心がけるように子どもたちに伝えることが重要である。

　スマホでの会話に慣れれば慣れるほど、ますます直接的な人間関係や直接会話の必要性を感じなくなる。そして一方通行のコミュニケーションスタイルを対人関係にまで持ち込み、他者の反応を共有できない傾向が強くなる。結果的に、自分の思い通りのコミュニケーションに終始する傾向が強くなり、人間関係がいっそう希薄化する。情報機器は、便利な道具であるが、直接的な人間関係やコミュニケーションの完全な代替物にはなれないことを認識しておくことが重要である。

## 4. スマホ利用による犯罪被害と危険性

　スマホは、ネットにつながっているため、常に外からの犯罪被害に遭う危険性を持っている。

その犯罪及び被害の危険性としては以下のような種類がある。

**様々なスマホ利用の犯罪及び被害の危険性**

| | | |
|---|---|---|
| ○架空請求（電話料・閲覧料）<br>○ワンクリック詐欺<br>○フィッシング詐欺 | ○さらしサイト<br>○他人名義の書き込み<br>○犯行予告 | ○文字メールによる誤解と対立<br>○チェーン・メール転送 |
| ○個人情報の流出<br>○個人情報の悪用<br>○著作権違反ダウンロード<br>○合成写真の悪用 | ○出会い系サイト<br>○援助交際<br>○誘拐目的交際<br>○裸写真販売<br>○性デリバリー | ○薬物販売<br>○危険ドラッグ販売<br>○輸出禁止生物<br>○禁止品販売<br>○偽物販売 |
| ○HP 連鎖アクセス不回避<br>○自殺集団への誘引<br>○非行集団勧誘 | ○メル友からのわいせつ・脅迫<br>○外国不正アダルトサイト<br>○盗撮 | ○不正品ネット販売<br>○ネット詐欺<br>○ネットオークション<br>○デジタル万引き |

　子どもたちが、特定サイト等にアクセスするときは、「まさか、そこまで危なくない」という意識でアクセスする。そして実際にあまり危険ではなかったという経験がさらに危険意識を低下させる。すなわち興味や便利性の方が優先されるので、サイト等に入る危険性は意識しなくなる。

　スマホを利用したメールやチャットでは、保護者でも見知らぬ人とのメール会話やアクセス先をとらえることはできない。そしてこのメール・チャットが性犯罪の加害・被害や逸脱行為の道具にもなる。自分が逸脱行為を意識していなくとも、顔が見えない世界で悪用する人が存在することも、子どもたちは理解する必要がある。また子どもたちには、被害者だけでなく加害者にもならないように、モラル意識を自覚させる必要がある。

## 5. スマホの危険性に対する自己コントロール能力の育成と被害への具体的対応

### （1）子ども自身のルール・マナーの徹底と自己コントロール能力の育成

　便利なスマホには、様々なトラブルや危険性も含まれているが、最も重要なことは、子どもが常に意識して予防的に活用することである。

　予防のための子どもたちが考えるべきルール・マナーとしては、以下のよ

うなものがある。

**予防のための子どもたちが考えるべきルール・マナー**

1）18歳未満はフィルタリングサービスに加入する。
2）迷惑メールには安易に返信したり、アクセスしない。
3）メール・Web掲示板などには、誹謗・中傷を書き込まない。
4）犯行予告は、冗談でも書き込まない。
5）ネット上のいじめや犯罪を見たら報告する。
6）チェーンメールは回さない。
7）匿名チャットの見知らぬ人と会わない。
8）薬物・出会い系・犯罪勧誘など怪しいサイトに入らない。
9）自分で高額なネット商品の契約はしない。

　スマホの危険性を子どもたちに伝えるためには、リアルな内容を提示することが効果的である。その方法には以下のような方法がある。

**スマホの危険性をリアルに伝えるための方法**

1）裏サイトの勧誘掲示等を実際に示して啓発する。
2）チャット被害のシミュレーションと危険予防のイメージトレーニングを行う。
3）警察やインターネット協会・消費者協会・役所生活相談室などの専門機関から、現実の事件・被害などの実例を紹介して頂く。
4）被害対応のロールプレイングを行う。

　これらのリアルな内容を用いて、学習会・講習会等を開催すること、そして自らの対応方法としてロールプレイング等を実践してみることが予防活動として重要である。これらの問題が起きたときに自分たちはどのように対応するかを日常的に予測しながら、子どもたちが自己コントロール能力を高めていくことが重要である。

## （2）スマホの危険性に関わる保護者への啓発と保護者の対応

　スマホの危険性の予防と啓発は、保護者にも協力して頂く必要がある。保護者と子どもとの最低限の約束づくりを、保護者に啓発することが重要である。

　保護者と子どもが話し合うための啓発内容としては、以下のようなものが

ある。

**保護者と子どもが話し合うための啓発内容**

1）親とはメール会話だけでなく、直接会話することを心がける。
2）危険なサイトにはアクセスしないことを約束する。
3）見知らぬ人には会わないことを約束する。
4）親が子どもにスマホ利用方法を尋ねたときには、面倒がらずに答える。
5）親にスマホ画面を見せてもいいように約束する。
6）学校で指導されているルールを守ることを約束する。
7）家庭でのスマホ利用ルールをつくり守ることを約束する。
8）料金制限やネット・ゲームを行う時間帯を守ることを約束する。
9）万一何らかの被害に遭いそうになったときには、親に相談する。

　保護者との関係では、基本的には予防のルールを守らせることが重要であるが、何か問題があったときにはやはり率直に相談してもらうという信頼関係が、問題を大きくさせないために重要である。形式的なルールだけを強調すると、問題が起きそうなときにも、子どもは叱られることを予想して相談しなくなる。相談しやすくするためには、普段からスマホの利用内容についても会話するように心がける必要がある。また本来的には一緒にいる時間・会話する時間を多く取ったり、娯楽や自然散策・体験活動・スポーツなど、親子での直接的な触れ合いの時間を大事にすることが重要である。

### （3）子どもが被害にあったときの具体的な対応

　様々な予防活動をしながらも、実際に子どもが被害に遭う場合も少なくない。その場合は、気軽に親や学校に相談できることを伝えておく必要がある。
　子どもが被害に遭ったときの具体的な対応方法は以下のようなものである。

**子どもが被害に遭ったときの具体的対応**

| 子どもの被害の内容 | 対応依頼先・連絡先 | 具体的対応 |
|---|---|---|
| 1）架空請求・ネット詐欺 | 学校・親を通じて、警察と消費者協会に連絡 | 架空請求はまったく支払い義務はない。契約品でも解約クーリングオフを進める。 |

| 2）ネットによる誹謗・中傷 | 学校からプロバイダーに連絡 | スレッドの即刻削除を申し入れる。内容によっては警察に連絡。 |
| 3）個人情報の流出 | 学校から警察に連絡 | 流出元・流出先を専門家で確認し、警察で捜査。 |
| 4）ネットいじめ | 学校に連絡 | ネットいじめを学級・学校の議題にするなど。 |
| 5）性被害・わいせつ | 警察に連絡・相談 | 警察に相談した上で、告訴を検討する。 |

　これらの子どもの被害は、被害を予防できれば良いが、被害に遭った場合でも迅速に対応できれば、最小限の問題に押さえることができる。本人が学校に伝えにくい場合には、友だちから伝えてもらう場合を含めて、子どもたちに誰かに相談することを勧めておくことが重要である

　これらのようにスマホの利用のあり方と人間関係への影響を考えさせることも学級経営の基盤づくりとなる。

<table>
<tr><td>第9章</td><td>学校関係者の組織的な<br>教育相談の対応</td></tr>
</table>

川前あゆみ

**ポイントと対応課題**

①相談員単独で解決できない場合も多く、集団的対応が求められるという自覚を持つ必要がある。

②複数の教師や専門家などの相談相手を奨励する方が、解決策を見いだせる場合も多い。

③校内においては、複数の相談担当者を設け、集団的な相談体制をとる必要がある。

④校内の相談員がすべての子どもに認知してもらえるように紹介することが重要である。

⑤子どもが相談しやすいように教師と子どもの接触頻度効果を高める必要がある。

⑥子ども自身が思春期などの心の特徴を学ぶことは、メンタルヘルスにとっても重要である。

⑦ピアサポートを奨励することで、子ども同士で早期に解決することができる。

## 1. 学校内外における組織的な教育相談の展開と多様な専門家との連携

### （1）相談活動の個人的対応の限界と集団的対応

　相談活動は、相談者と相談員（被相談者）の信頼関係で成り立つが、相談員が単独で解決できるわけではないという限界も自覚することが必要である。相談者と相談員には必ず超えられない相性の相違がある場合もある。また相談者は、相談員の助言の言葉よりも、表情・態度・雰囲気を感じ取るため、たとえ相談員が相談方法を工夫したり子どもに寄り添っても、残念ながら子どもからは相談しにくいと感じる人もいる。

　また子どもは、特定の人にだけ相談する場合もあるが、色々な人に相談している場合もあり、相対的に比較しながら受け止めている場合もある。相談する子どもとの相性等を意識しないで単独で対処し続けても、必ずしも効果的な対応にならない場合もあることをまず前提にしなければならない。

　学校の組織全体で教育相談を行う場合には、様々な性格・相性・知見などを持つ相談員がそれぞれの役割と方法を用いて対応するために、多様な方法が並行的に展開する。そのため、相談担当者相互も多様な相談方法があることを前提にした上で、相互に共通理解を図る必要がある。

　相談担当者の集団的対応の考え方は以下の通りである。

### "相談担当者の多様性" を前提にした集団的対応の考え方

| 相談に関する子どもの現状認識と相談活動の考え方 | 多様な教師・担当者による集団的対応の必要性と理由 |
|---|---|
| １）相談と被相談には必ず超えられない相性があること。 | 子どもは大人よりも、微妙な表情・態度・雰囲気を感じ取っているので、子どもから見て特定の相談担当者との相性が合わない場合もある。 |
| ２）同じ状況下でも理解と解決の時間は、個人差があること。 | 子どもの発達は、少年期から思春期・自立期に向かう発達段階の個人差があるので、同じ状況下でも解決に向けて個人差があり、また同じ効果が出るわけではない。 |
| ３）発達が早く認識能力が高い子どもも集団から浮く場合があること。 | 教師から見て評価が高く、教科学習等で高い認識力を持つ子どもが、逆に周りから理解されず、子どもの集団から浮くこともある。特に同調性が強くなる思春期に排他性も生じてくる。 |
| ４）子どもは特定の人だけでなく色々な人に相談する場合もあること。 | 子どもは、特定の人だけでなく、色々な教師の意見を聞いて、その比較の中から自分に合った方法を選択している子どももいる。 |
| ５）相談担当者どうしで、相互のアドバイス内容をフォローすること。 | 子どもから見て自分に合わないと感じたアドバイスも、観点を変えると、良いアドバイスになることを、教師間で相互にフォローアップし合う必要がある。 |
| ６）相談方法を工夫しても子どもが心を開かない場合には、交代すること。 | 多様な教師に関わってもらうと、すぐに心を開く場合もある。このような場合は、子どもに相談担当者を交代してもらうことを確認しながら複数の人が関わると効果的に進められる。 |

| 7）子どもに都合の良いことだけ言う人が良い人ではないこと。 | 子どもは自分に都合が良いことを言ってくれる教師を好むが、長期的には苦言を含めて言ってくれる教師も必要である。 |
|---|---|
| 8）社会の中では、良い人ばかりではないことも理解する。 | 社会の中で良い人と必ずしも良くない人の両方がいることを知ることで、社会的耐性・善悪の対応力等の判断の多様性が育つことも認識しておく必要がある。 |
| 9）カウンセラーと教師との役割の違いを認識しておく。 | 子どもの意見に傾聴する場面と子どもに指導をしていく場面との、両方が必要である。カウンセラーと教師も役割分担で成り立っている。 |

※図表は筆者作成。以下同様。

　このような学校組織として教育相談を行う上での考え方としては、子どもの相談に対して、多様な教師・相談担当者が多様な相談をすることがより的確な助言を行うことができるという理念を前提にしている。その中で、子どもにとって都合が良いことを言う人もいれば、必ずしも都合が良くないことを言う人もいる。そしてそのことが、長期的には子どもの多様な思考と判断力を育てていく。子どもから見た相性が合う合わないという多様性も含めて、多様な相談担当者が関わる体制が不可欠である。

## （2）複数相談担当者への相談の勧奨と多様な専門家との連携

　子どもの相談に乗る場合にも、「他の人にも相談してみましたか」などと確認して、他の相談担当者がどのように言っているかを踏まえながら、その相談担当者をフォローアップしたり、他の観点からアドバイスを加えることも重要である。相談活動は、実は単独で進んでいるのではなく、多面的な相談の中から、子どもが自分に合った考え方や方法を選択していけば良い。

　相談する子どもは単線型の考え方で追い込まれている場合が多いが、逆に相談担当者も単線型で返答する場合が少なくない。しかし、相談担当者の経験談は千差万別であり、その子どもにとってどのような経験談やアドバイスが参考になるか、その子どもにとって理解できるかどうかは、かなり難しい予測を伴うものである。子どもの状況によっては、一人の長いカウンセリングよりも、複数の人の短いカウンセリングの方が、子どもに合っている場合や、深刻な悩みとせずにポジティブメッセージを複数与える方が自信がつく

　場合もある。このような複数担当者が連携しながら、子どもが多様な対応方法と考え方・生き方を相対化できる条件を与えてあげることが効果的な場合もある。

　学校内の複数相談担当者としては、学級担任・副担任・教科担任・生徒指導主事・部活顧問・教育相談担当・分掌担当者・養護教諭など、子どもと関わりのあるあらゆる教師が相談担当者となり得る。特定の教師に親近感を持っている場合にはその先生への相談を勧める必要がある。また教師だけでなく、巡回スクールカウンセラーとの連携も重要である。

　一方、学級・教師への強い不信感や心身症を伴う場合には、外部の相談担当者の方が心を開く傾向がある。外部の相談者としては、児童相談所・教育委員会カウンセラー・家庭教育アドバイザー・スクールソーシャルワーカー・電話相談室なども重要な相談者となる。さらに教育相談活動だけでなく、子どもの状況によっては、保護者と連携して、発達療育センター・疾患専門医療機関・青少年育成センター・児童虐待防止センター・警察少年生活安全課、などの専門機関と相談しなければならない場合もある。

　子どもに対しては、教育相談を受けられる場所は、学校だけでなく多様な場所があることを紹介して、その存在と役割を子どもにも知ってもらうことが重要である。何もないときに行きやすくしておくことが、問題の早期発見・早期解決につながっていく。

　このように子どもの方も、相談の程度と内容によって、教師とカウンセラーなど、相談先と相談相手を使い分けていることを前提にしておく必要がある。これらの相談担当者が、ケースに応じて連絡を取り合いながら、その子どもにとってより良い担当者が相談を担うことが重要である。一方担当者任せにせず個別事例へのアプローチを検討するケースワーク会議が、学校内外において、常設的・定例的に開催できることが重要である。相談活動は、相談先・相談相手の形式ではとらえられない場合が多いが、相談活動の最終的な目的は、その子どもの求める居場所があること、求める居場所に戻れることが重要である。

## 2. 集団的な相談体制づくりと校内カンファレンスによる学級の基盤づくり

### （1）学校内の集団的な相談体制と分掌体制

　学校内の相談員が一人だけだと組織的な対応はできない。子どもの状況や相性に応じて相談員が交代したり、相談員同士が相談・交代できるようにするためには、3人以上の教育相談担当者を決めておくことが必要である。何か問題があったときだけ相談体制を組むのではなく、いつでも相互に相談できることが早期発見・早期対応の条件となる。また相談員が特別支援教育コーディネーターと連携をしながら、新たな課題や予兆に対して未然防止の提案ができるようにしておくことが重要である。

　一つの事例に対しては、家庭環境や学校生活の様々な課題が連動している場合もあるので、教育相談担当者が、関係教員・スクールカウンセラーなどと一緒にケースワーク会議・カンファレンスを定期的に開くようにしておくことが必要である。個々の担任からも、教育相談担当者に情報提供やケースワーク会議の開催を依頼できることが重要である。スクールカウンセラーからの情報が入ることで、早期の対応が可能となり、かなり問題を未然に防ぐことができる。

　また最終的には管理職から色々な関係者に対応して頂くことも少なくないので、予兆的な状況であっても、管理職への報告ルートの一本化とフィードバック、及び定期的な事例の情報交換ができる体制をつくっておくことが重要である。管理職はそれらの問題の連絡を受けて、その問題を一緒になって解決する姿勢を見せるなど、報告しやすい雰囲気を創っておくことが重要である。

### （2）校内における相談員の認知と集団的な相談体制の雰囲気づくり

　学校内で子どもが相談員に相談しやすくするためには、子どもたちが相談員の顔や名前を知ることが重要である。4月には、全校集会や学年集会でスクールカウンセラーや相談担当教員を紹介したり、相談員が各クラスを回って、顔合わせすることも重要である。カウンセラーや相談員を学校・教室で紹介して子どもに存在と役割を知ってもらうことが、何もないときに相談に行きやすくなり早期発見につながる。いじめ等の人間関係のトラブルは、深

刻な状況になる前に話をするだけでも解決することもある。

　相談担当者が複数いても、担任など特定教師が個人的にのみ対応するという雰囲気があれば行きにくいこともあるので、学校全体としても「複数の色々な先生に相談してみるといい」というメッセージを送り、複数の人への相談を勧めることが重要である。旧来教育相談は、極秘に一人だけで対応する考え方が主流であったが、むしろ学校では集団的な体制を組む方が子どもの問題を学校全体で解決できる。他の教師や養護教諭への親近感を持っている場合には、その先生への相談を勧めることもできる。子どもは、単線型の考え方で相談する場合が多いが、相談担当者は自分の経験だけでなく多くの人による複線型のアドバイスが重要である。そのため子どもが、多様な相談担当者の多様な生き方・対応方法に触れることも、単線的な考え方を見直す契機となる。

　当該教師に相談しやすいかどうかは、接触頻度が高いかどうかにもよる。接触頻度が親しみ感を高め、話し相手となれる重要な条件となる。そのため接触頻度効果を高めるために働きかけること自体が相談活動になる。

　接触頻度効果を高める働きかけとしては、次のようなものがある。


**接触頻度効果を高めるための働きかけ**

| |
|---|
| 1）日常的な声かけを意識する。 |
| 2）定期的な面談を全員に対して行う。 |
| 3）通信の返信欄を必ず書いてもらう。 |
| 4）家庭や児童生徒との連絡帳・日記を交換する。 |
| 5）家庭への定期的な電話をする。 |


　また子どもの相談が軽いケースや、子どもが様々な方向性があることを理解している場合には、チームカウンセリングやグループカウンセリングもあり得る。一人の相談員の長いカウンセリングよりも、複数の人からの短いアドバイスや前向きのメッセージを多数与える方が、自信がつく場合も少なくない。教師とカウンセラーの相談の役割分担やどの教師に相談するかなどは、最終的には子どもの状況・教師との関係性と相談内容によって相談先を使い

分ければ良い。重要なことは、特定の相談員だけでなく、学校全体でいつで
もどこでも誰もが相談できる体制と雰囲気づくりをすることである。

## 3.　思春期発達段階の葛藤に関する啓発とメンタルヘルス学習による学級経営

### （1）思春期発達段階の葛藤・発達に関する子ども自身の認識の向上

　思春期の発達段階では、不安・葛藤も多くなるため、相談体制を整えてい
くことと同時に、子ども自身のメンタルヘルス対策を進めていくことも重要
である。集団との関係では誰もが、集団に入り込めない違和感や居場所のな
さを感じることがある。とりわけ思春期は誰もが集団の中で悩む経験がある
こと、悩むことは課題が見えた成長の証しであることなど、思春期の子ども
の心理的特徴などを子どもに解説していくことも重要である。また集団は安
心感をもたらすとともに、時には排他性ももたらすために、常に集団の協働
的な関係性をつくるように集団の質を高めることが求められる。

　集団的関係を良好な関係として高めていくためには、1）集団内部にも個
人差があり認め合うことの重要性を理解すること、2）集団依存と集団から
の自立を繰り返しながら社会化していくこと、3）能力・個性の違いがある
から相互に補うことができること、4）"うるさい＝にぎやか"など異なる
表現方法でとらえ直すとマイナス面もプラス面に変わること、5）人に話す
ことと聞いてもらうことで問題を自覚したり判断できることもあること、な
どの集団との良好な関係と効果についても確認しておく必要がある。集団的
関係は、そもそも社会的な関係の中で、子どもにとって当面都合がいい人と
必ずしも都合が良くない人の両方がいて、社会性が成り立っていることも認
識する必要がある。

　このように子どもが陥りやすい共通の心理状況を相談員等の関係者が子ど
もに解説することで、子どもの潜在的な心理的負担感を軽減し、予防的効果
を高めていく。子どもはもやもやした感情がなぜ生まれるのかも自覚できな
いが、その感情は自分だけではないことを理解するだけでも、解放感とメン
タルヘルス意識を高めることができる。

　このような発達の特徴を子ども自身に認識してもらうためには、個別の子
どもへの説明ではなく、学年・学級でガイダンスや啓発学習会（例えば「子
どもの発達と悩みに関する学習会」）を開催し、ある程度統一的な理解と予

防的活動を進めることが重要である。

## （2）ピアサポートとメンタルヘルス学習による学級経営の基盤づくり

　健全な自尊感情は、本来日常的な他者との関係なしでは発展しない。そのため相談員への相談だけでなく子どもが友だち同士で誰かに相談できる雰囲気が、いじめ・自傷行為・非行等の予防になる。そのため「友だちにも気軽に相談した方がいい」「同じ悩みを皆持っているので、仲間同士で悩みを語った方がいい」など、友だち同士で話を聞いてもらうこと、聞いてあげる場と機会を奨励していくことが重要である。子どもは誰もが、自分の判断材料が少ないが、そのことを認識しないで判断するので、なぜうまくいかないかが分からなくなる。

　一方自分が問題について話すことで、問題の所在をある程度自覚できる。また、他人と話すことで判断の情報を多角的に得たり、他者の別な判断を仰ぐことができる。これらの自分の判断の材料が欠けているので、誰かに相談することが重要であることを意識づける必要がある。

　集団をつくっていくために、友だち間の信頼できる人同士を意識的に結びつけ、一緒に過ごす時間を奨励することで、相互に認められる自尊感情を高め、友だち同士で問題を予防するピアサポートとなっていく。また共同作業・体験活動・学級活動・行事・部活動等を通じた社会的な人間関係づくりを進めたり、集団の中での相互協力や相互のいいところを確認し合う活動などで、集団的・協働的関係を学級全体の雰囲気にしていく。

　関係性を高めるためには、聴くスキル・話すスキルなどの会話・発言などのコミュニケーションスキルも重要である。言い方次第で、相互に受容・傾聴してもらえたり、話す内容を理解してもらいやすくなることを継続的に追求していく必要がある。長期的には誰もが自分と他者との関わり方を変えながら他者との関係をより良いものにしたいと願っている。子ども間の摩擦・対立の調整力を育てていかなければ、子どもの根本的な居心地や自尊感情・主体性は高まらない。これらのピアサポートとコミュニケーションスキルも、メンタルヘルスを向上させる基礎条件となる。このような子どもの不安を取り除くピアサポートによる相談活動やメンタルヘルスも学級経営の基盤となる。

# IV

生活集団活動を通じて
社会関係力を高める

## 序　社会関係力を創る上で生活集団活動はなぜ必要か

栩澤 実

　人は、自立し、自律した大人へと成長していくことで、自分の人生を自分の力で歩んでいくことができる。そのためには、様々な体験から学び、経験として蓄積されたものを基に、様々な課題を自ら解決していくことや、多様な人間関係の中で学び合うこと、そして、学びを表現したり、ふり返って認識を深めたりする活動を積み重ねる必要がある。(もちろん、書物等、他の学びも大切である。)子どもたちにとっては、日常の学校生活が、多くの仲間(同学年のみならず、先輩や後輩)との集団生活である。学校の集団生活は、社会の縮図とも考えられ、中でも集団活動を通して身につけることのできる力は、他者と共に生きる、社会関係を築く力と言えるのである。

　2015年8月、「文部科学省教育課程企画特別部会における論点整理について」(報告)の中で、「学校」の意義について、以下のように述べている部分がある(筆者抜粋)。

　学校とは、

・社会への準備段階であると同時に、学校そのものが、子供たちや教職員、保護者、地域の人々などから構成される一つの社会でもある。

・社会的意識や積極性を持った子供たちを育成する場なのである。

・今を生きる子供たちにとって、現実の社会との関わりの中で、毎日の生活を築き上げていく場であるとともに、未来の社会に向けた準備段階としての場でもある。

という記述である。

　つまり、学校とは一つの社会であり、その中で社会人として生きていくために必要な力を育む準備段階としての場と位置づけることができるということである。そのような場は、多様な人々とつながり多様な学びを可能とする開かれた環境であり、実生活に生きる学び、すなわち、人間が社会の中でたくましく生きる力の基盤づくりを行うことのできる場と言える。

　第10章では、バーチャルな遊びと昔の遊びの違いとその影響、経験的な認識と言語的な知識の結びつきの重要性、遊びの中に見る探究活動と遊びの中で育まれる集団としての教育力、そして、学校外の自然体験活動や集団宿泊活動等、各種活動の必要性とその教育効果、地域素材の教材化と有効性について述べている。遊びを含め、様々な体験を重視した学習や活動の目的と教育効果についての理解を深めることで、子どもに身につけさせたい力をバランスよく育むことができる。

　第11章では、子どもの発達段階の特徴を踏まえた集団的な遊び、子どもの仲間集団に見る教育的役割、昔の遊びと教育効果について述べている。子どもの発達段階の特徴を生かした集団的な遊びや多様な活動を存分に行うとともに、そこでの失敗や克服する経験が、社会的な成長の基盤となり、その後の発達につながる。しかし、昨今の子どもを取り巻く社会環境や地域環境、生活環境は変化が激しく、子どもの発達段階ごとの成長を阻害している状況が、見られる。したがって、その阻害要因を意識しながら、人間関係や集団、そして生活習慣づくりに関わる活動を設定する必要がある。また、集団における人間関係づくりで効果が期待されるのは、異年齢集団による活動である。子どもたち一人一人が、先輩、後輩としての役割や責任を経験的に学ぶ機会は、大人社会へ対応するための準備期間として、重要な場と言える。

　第12章では、社会で生きていく上で、欠くことのできない目的意識や役割意識を高める視点について、義務教育におけるキャリア教育や課題挑戦意識の重要性を伝える学級活動、職場と学校の違いを意識させる活動のあり方について述べている。スマホゲーム等の無目的な刺激を求め続けたり、SNSによる会話に時間を費やしたりする生活が問題視されている昨今、「自分は、なぜ学ぶのか」、「自分は、何がしたいのか」や「自分が、目指すべきことは何か」ということについて考える機会をもてる学級活動の時間は、大変意義のある重要な時間となる。

　子どもの興味・関心は、変化していくことが多いが、第6章で述べているように、内発的動機づけによる主体的な学びを追究できる限り、様々なことに挑戦し課題を乗り越えていくことを可能とする。この内発的動機づけを高める要因に、周りの仲間からの励ましや応援がある。集団の中で、自分の取組が認められ、また、励みとして仲間と共に切磋琢磨しながら学んだり、時

にぶつかり合いながらより良い方向に変えていったりという経験ができることも、学級活動の特徴である。活動を通して、自分の存在意義を確認でき、自分の関わりによって何かを変えたりできるという実感を持つことのできる学級は、良好な人間関係を構築できる学級である。

　ところで、良好な人間関係を築く上で大切な力は、相手の気持ち等を推し量ることのできる力とも言える。他者の気持ちやその人が置かれている立場を理解することのできる能力は、円滑な人間関係を築き、社会に適応していく上でも、必要不可欠な能力である。そのような能力を、道徳性発達理論の立場からは、役割取得能力（role-taking ability）と呼んでいる。セルマンは、役割取得能力について、「他者の立場に立って心情を推し量り自分の考えや気持ちと同等に、他者の考えや気持ちを受け入れ調整し、対人交渉に生かす能力」と定義している。このように、役割取得能力は、子どもたちが、適応的な生活を送るために必要な能力であり，重要な要因であると考えられている。

　しかし、このような役割取得能力は、子どもたちが教科書を活用して、一律に学べるものではない。学校のみならず、家庭や地域、関係機関からの協力を得ながら創造された様々な生活集団活動の中で、コミュニケーションを介した経験が、認知的な発達や成熟に伴って、培うことのできる能力なのである。したがって、生活集団活動の意図的、計画的な取組が、学級経営の基盤として大変重要であることを理解できる。

**参考文献**
文部科学省編「教育課程企画特別部会　論点整理（報告）」文部科学省、2015年
日本道徳性心理学研究会編編著『道徳性心理学　道徳教育のための心理学』北大路書房、1992年

# 第**10**章　生活行動力を高める体験学習づくりの対応

川前あゆみ

**ポイントと対応課題**

①バーチャルな遊びしか知らない現代の子どもたちには、自然・社会とつながった遊び・体験活動が重要であることを意識的に伝え続けていくことが重要である。

②過去に経験がなければ、現実的な創造力を発揮することはできない。過去の経験が多いほど、無意識のうちに現実的な判断や創造をすることができる。

③多様な体験をする中で、無意識のうちに抽象化と捨象を行っている。

④元々子どもは発達段階的に、具体的な活動の中で探索活動をすることが好きで、それが子どもの発達を広げている。

⑤目的を追求する集団体験活動の中で、役割・分業などの社会関係を学んでいる。

⑥子どもたちには、具体的な自然体験・社会体験活動の機会を提供する必要がある。

⑦気づきや臨機応変な判断を中心とする自然体験学習に比して、社会体験学習は社会規範を身につけ、社会に貢献することを中心的な目的とする。

## 1. 子どものバーチャルな生活変化と生活行動力の低下による学級経営基盤の崩壊

　子どもの生活がバーチャル化すればするほど学級の中で具体的に行わなければならない生活行動力が低下し、それにより学級の子どもたちが行動しなくなり、結果的に学級経営基盤が崩壊する。現代の子どもの帰宅後の遊びの中で最も多い電子ゲームは、無料ダウンロードできるものなど、比較的子どもも手に入れやすくなっている。また小学生のスマートフォン所持率も上が

り、スマートフォンで気軽にゲームができるようになった。

　かつて子どもの遊びは、屋外・自然・集団的関係の中で遊ぶことが普通であった。それが現代では、屋内・機械・単独を前提にして遊ぶことが多くなった。電子ゲームは、どんなに精巧にリアルな雰囲気を再現できても、やはり現実の多様な人間の多様な場面で微細に異なる人間の機微をとらえることはできない。人間の機微をとらえるためには、マニュアルだけでは対応できず、現実の人間に接し、相手の反応を見ながら感じ取っていくことを積み重ねていくしかない。

　電子ゲームにのめり込み、生活の活動や人間関係を断ち切るような状況になれば、現実倒錯や人間関係不全症候群など、様々な生活行動力や社会的認識力を弱めていく。一人でコンピュータゲームと遊ぶ生活の変化は、外で身体や体力を使う生活行動力を低下させる。そのため小児肥満や、勤勉性・活動性が低く怠惰性が高くなる傾向も生じてくる。生活行動力が低下した結果、学習活動・社会活動も人間関係づくりも、怠慢になる傾向が続き、あらゆる発達の条件が削がれていく。

　このように生活の変化があらゆる生活行動力の低下に連動している。しかし子ども自身は現代の遊びが普通の遊びで問題だという認識はない。したがって、バーチャルな遊びしか知らない子どもたちに対しては、自然・社会とつながった体験活動が重要であることを伝え提供し続けていくことが重要である。

## 2. 生活経験の蓄積と言語化による共通認識の役割

### （1）生活経験の蓄積による現実的創造力と生活行動力

　経験がもたらす教育的意味は、古くから議論されてきた。一方戦後教育においては、経験が必ずしも言語認識の向上につながらなかった現実も指摘され、「這いまわる経験主義」と揶揄されてきた。しかしバーチャル化した遊びが多く、生活経験が少なくなった現代の子どもたちは、実感認識と行動力が伴わなくなっている。

　実感認識との関係でいえば、例えば見たこともない道具・器具は簡単な物であっても使いこなすことはできない。まったく見たこともない変わった生物は、どの種に属するかは見当がつかない。それらを考えるために、過去に

見たものから類推するが、まったく見たことがないものは類推もできない。

　すなわち人間は何かしらの判断をするときに、過去の経験に基づいて、その経験を応用する形で、一瞬のうちに判断している。過去の経験を思い出せない場合も、無意識のうちに過去の経験で判断している場合が多い。

　五感である視角・嗅覚・聴覚・味覚・触覚の他に、直感的な能力と言われる第六感が人間には備わっている。この第六感も、実は何も経験していないところに直感的な判断ができるわけではない。これまでの様々な経験が無意識のうちに蓄積されているため、それらの経験知を一瞬のうちに呼び起こしながら、直感的な第六感も鋭く働くと言われている。例えば重い石が飛んで来たら避けるが、軽い羽根であれば受け止めるかもしれない。それは、過去に重い石は硬く痛い経験があり、羽根は痛くない経験があるからで、その過去の経験を元にして一瞬のうちに避けるか受けるかを判断するからである。このように過去の経験は、まず感覚器官を通して認識するが、日頃はそれを日常的には思い出していない無意識の潜在的な知識として、次の判断に影響している。

### （2）経験の抽象化・捨象化と言語による共通認識

　過去の経験を意識して思い出す場合には、感覚的な認識の言語化が必要になる。感覚的な経験を言語化する場合には、必ず実態を言語化する過程で抽象化と捨象化を行っている。例えば、どんぐりの木が２本並んでいても、その葉の数・幹の太さ・高さなども異なるが、どんぐりの実のなり方・どんぐりの色・幹の模様など共通する部分も多い。この共通する部分だけを抜き取る過程が抽象化であり、葉の数などの異なる部分を捨て去る過程が捨象である。同様に、どんぐりと松の木が２本並んでいたら、葉の形も枝のつきかたも異なるが、幹と枝があり、木という共通点を抽出して抽象化する。

　このように現実の実態から共通点だけを抽出し相違点を捨て去ることで、一瞬のうちに抽象と捨象を同時に行いながら、概念をつくっていく。そして概念化されたものを言葉にすることで共通の認識を持つことができる。したがって言葉は人と人の共通認識をつくる重要な役割を果たすが、一方伝える人のイメージを言葉にして伝えても、言葉を受けた人が同じイメージを抱くとは限らない。逆に共通の体験をして同じイメージを持つことができれば、

言葉で伝えることができやすくなる。

　すなわち同じイメージを持つためには、共通の体験が必要になる。言語の前提として豊富な経験や実感認識が共通になければ、言葉の持つイメージを広げることはできない。経験や感覚的な実感が豊富な人ほど、無意識のうちに引き出せるイメージを豊富に有するので、言語と結びついたときに、共通認識を持ちやすい。

　ジョン・デューイは早くから経験の教育的意味をとらえたが、経験だけを重視するのではなく、経験をベースにして問題意識を持ち、自発的にとらえ直しをするとともに、より良い生活の課題を解決する行動力を重視した。したがって経験による問題解決は、1）現実を見てこれまでの経験と照らし合わせる。2）不思議だ、変だという感覚的な問題意識を持つ。3）どこが不思議か、なぜ不思議だと感じたかを考える。4）不思議な感じや問題を解消するためにどうするか考える。5）不思議な感じの解決方法の仮説を立てる。6）仮説を実際にやってみて確かめる。7）確かめる中で出た新たな不思議感を再び検討する。このような現実経験と問題意識と行動力の連続の中でより普遍的な認識と行動力に発展していく。

　もし子どもに抽象的・言語的な認識を増やそうとしても、言語の実体的なイメージが湧かなければ、単語の暗記になってしまう。一方経験だけでは共通な部分を抽出する言語がないので、普遍化した認識とならない。したがって、経験をベースにしながら、経験の中で出てくる問題意識を言語的な認識に置き換えることが常に求められる。とりわけ子どもの場合、体験的な活動を基盤にした感覚的な認知が発達しており、体験を通じて認識していく。単に言語知識だけの詰め込みでもなく、バーチャルな世界でもなく、少年期の発達段階としては経験的な認識と言語的な知識を併行的に蓄積していくことが重要になる。

## 3．子どもの探究活動による活動仲間集団の教育力と学級の基盤づくり

### （1）子どもの探究活動の魅力と活動仲間集団

　子どもの探究活動は、未知の世界を知ろうとする探究欲求の一つで、発達段階では感受性が強い10歳頃までが特に強く現れる。探究しようとする心理的な動機は、好奇心である。

　子どもにとっての探究活動の魅力は、次のようなものがある。その探究活動を生かして、子どもの様々な遊び活動がつくられていく。

**子どもにとっての探究活動の魅力と遊び・行動の具体例**

| 探究活動の魅力 | 具体的な遊びと行動 |
|---|---|
| 1）見えない未知の世界を垣間見る魅力 | 洞窟探検・森林・野山・水中・土中・夜行観察 |
| 2）予想したものと異なる意外性の魅力 | 変化する動植物・気候・燃焼・科学実験 |
| 3）他者から見られない秘密性の魅力 | 秘密基地・隠れ家・かくれんぼ・仮面 |
| 4）成長する過程と変化をとらえる魅力 | 観察・動物飼育・水槽飼育・昆虫飼育・孵化・植物観察 |
| 5）身体活動力の拡大による成長の実感の魅力 | 運動力の拡大・身体の成長・アスレチック |

※図表は筆者作成。以下同様。

　このような探究活動は、自分が何を知っていて、何の行動ができるかを認識する過程である。また行動の広がりの中に、自分の成長を認識していく過程である。これらの探究活動によって、単に学校の教科知識に留まらず、あらゆる生活活動の拡大の中で、自分の可能性が広がることを認識していく。

### （2）活動による仲間集団の教育力と学級の基盤づくり

　あらゆる分野で集団の役割は大きい。特に活動を通じた仲間集団は一緒に楽しい活動を行うことで一体感や帰属意識が生まれてくる。集団体験活動の中で、相互に成長する教育力が生まれてくる。
　集団活動を通じた仲間集団の教育力には以下のようなものがある。

**集団活動を通じた仲間集団の教育力とその理由**

| 仲間集団の教育力の分類 | 教育力を有する具体的状況と理由 |
|---|---|
| 1）自分との相対比較の認識 | 多様な活動の中で、学校では見られない多様な能力を見て、取り入れられる良い面を真似たり学んだりする。 |

| 2 ）役割分担の認識 | 個々が得意な分野や一部の作業を役割分担する中で全体がより良く活動できることを学ぶ。 |
|---|---|
| 3 ）集団による創造性 | 一人ではなく、集団で考えたり行動したりする中で、創造的な活動が生まれる。 |
| 4 ）会話の力量向上 | 楽しい活動をする中で話す会話は、ある程度自由な会話が許されるために、会話力が向上する。 |
| 5 ）相互扶助と協同性 | 活動にも競争性・敵対性はあるが、一緒に目的を達成するために、ある程度で妥協し、協同的な関係を作る。 |
| 6 ）一体感と組織性の形成 | 楽しい活動を共有する一体感が形成される。その中で集団全体を見渡す力や組織的に行動することを学ぶ。 |
| 7 ）リーダーシップの育成 | 集団の中で、皆に呼びかけたり、引っぱっていくリーダーシップを身につけていく。 |
| 8 ）体力形成 | 身体を使って夢中に活動する中で、体力・忍耐力・持久力等が養われる。 |
| 9 ）精神的ストレスの発散 | 楽しい活動を夢中になって行う中で、悲しいことも忘れ、精神的ストレスの発散になる。 |

　このような体験的な集団活動を通じて様々な活動的な能力を育成したり、人間関係や集団性・組織性を学ぶことができる。ある程度自由な体験活動を伴う仲間集団であるからこそ、多様で臨機応変な活動と新たな集団関係をつくることができる。このことが、結果として集団の教育力を高めていく。

## 4. 自然体験活動・集団宿泊活動による生活行動力の向上と学級の基盤づくり

### （1）集団宿泊活動が提起される背景

　子どもたちの体験的な集団遊び自体が喪失している環境変化の中では、生活を変える取り組みや集団的な体験活動を、教育活動の中に意識的に設定しなければならなくなっている。集団的な体験活動の中でも、一般的な活動は集団宿泊活動である。集団宿泊活動は、長い期間になるほど生活習慣や人間関係の改善にとって効果が高いが、一般的には 3 日～ 4 日の実施期間が多い。

　集団宿泊活動は、一緒に寝食を共にすることで、一体感が強まり仲間関係が広がっていく。その理由は、第一に、普段学校では見られない生活を相互

に見あうことで自己開示と開放感が高まり、より親近感が湧くことである。第二に、食事や布団敷きなど、様々な生活作業を一緒に担い作業を助け合わざるを得ないため、協力意識や一体意識が高まることである。第三に、一緒に寝ることは警戒心を解くことであり、就寝時に寝顔を見せることで、素顔を見せ合う意識や、相互の緊張感を解き放つ意識をもたらすからである。これらの集団宿泊活動によって、子ども間の中に普段学校では見られない助け合いや新しい友だちとの一体感が広がるなど、新しい集団的な関係性が広がっていく。

## （2）生活の便利さに浸った子どもの生活行動力の改善と指導課題

　集団宿泊活動は、教育効果が高いが、一方で生活の不便さを強いるものであるため、一部の子どもたちからは生活の不便さや思い通りにならない面倒臭さに対して不満を抱く子どももいる。しかし元々この不便さ自体を体験し、協同で乗り切るところに教育的意味がある。したがって子どもたちが不満を抱いたとしても、生活の不便さを経験することで、逆につかむことができる目標を子どもたちに持たせる指導が必要である。例えば、子ども自身の自立型生活改善や、人間関係の改善などの獲得目標を考えさせるなどである。

　また子ども自身が体験活動で得た感動や生活能力をふり返りながら、体験したことを言語で自己総括できることが重要である。ふり返りをする場合は、言語認識が困難な子どもほど、一人で考えるよりも経験したことを集団で交流しながら、気づきを共有することが重要である。うまくできなかったとしたら、何をどのようにすれば良いかを集団思考しながら、相互に協力し合って克服する目標を共有することで、前向きな意識が生まれてくる。

　このような気づきと行動力を高めるためには、教師がある程度の失敗を見越して企画・運営等を見守るとともに、決定的な失敗にならないように誘導することも必要である。教員によるお膳立てではなく、集団宿泊活動や体験活動の企画・運営の大きな方向性だけを提示して、その具体的な内容と運営は思い切って自主的に企画運営を任すことも重要である。

## （3）集団宿泊活動による生活態度の教育的効果と学級の基盤づくり

　生活はある程度自分の自由になる時空間であるが、集団宿泊活動の中で生

活が乱れないように習慣化することが、自律的なコントロール能力を育成する条件となる。

　集団宿泊活動が、生活態度や行動力に与える教育効果としては、以下のような効果がある。

**集団宿泊活動が生活態度や行動力に与える教育効果**

| 生活態度・行動力に与える教育効果の項目 | 具体的な内容 |
|---|---|
| 1）親への共感 | 親にしてもらったことの大変さを実感する。 |
| 2）掃除・片付け力 | 掃除等の身の回りの行動ができるようになる。 |
| 3）調理ができる力 | 食事の準備・調理の大変さと食の有り難さが分かる。 |
| 4）刃物類の利用力 | 包丁・ナイフ・なた等の刃物の正しい使用法を知る。 |
| 5）親からの自立 | 依存していた親から自立し、一人で行動できる。 |

　このような生活態度・行動力の変容を契機にして、一人でできる自立心と生活行動力を評価し、さらに自立的な活動を任せて発展させることが重要になる。

## 5. 自然体験学習・社会体験学習の教育効果と学級の基盤づくり

### （1）自然体験学習と人間関係形成・行動力育成の教育効果

　自然体験学習は、子どもが自然と触れ合う機会が少ない中で、意識的にその機会の不足を補うことを目的としている。自然は学校教育体系とは異なり常に変化するもので、その変化の中で臨機応変に判断したり、主体的に行動しなければならない。したがって自然体験自体が、大人の指示通りに動くという性質のものではなく、自発的な行動を促す性質を持つものである。

　この自然体験学習の主要な教育効果には以下のものがある。

**自然体験学習の主要な教育効果**

| 自然体験学習の主要な教育効果 | 具体的内容と理由 |
|---|---|
| １）総合生態系の把握の認識 | 飼育生物ではなく、ありのままの生態系の生物観察。生物界の連鎖と捕食の観察。 |
| ２）生命の尊重意識の形成 | 悪条件の中での生命維持・命の獲得への共感。生命の再生産と出生の尊厳。 |
| ３）細部の発見と意外性の認識 | 同じ対象でも観察観点の異なる気づき。細部の観察発見力。個々の子どもの異なる観察対象と観点の多様性と意外性。 |
| ４）活動の協力性の形成 | 自然体験活動では生活や危険回避のために協力活動が不可欠。生活活動の協力性。 |
| ５）身体活動の活性化 | 身体を動かすことの楽しさ。身体の成長と健康。心身ストレスの解消。 |

　このような自然体験学習は、既存の社会的価値観を身につける社会体験学習とは相対的に異なって、自然の中での細部の観察や気づきなど、子どもと自然との相互作用の中で展開するものが多い。また自然体験活動では、自然の中での危機回避・楽しさの追求・生活活動の共有など、自然の中の活動の共有による人間関係の形成などの教育効果がある。

## （２）社会体験学習と社会規範・行動力育成の教育効果

　社会体験学習に含まれる職場体験学習・地域体験学習・社会奉仕活動・ボランティアなどは、自然体験学習とは相対的に異なり、気づきなどよりは社会的規範や社会での人間関係を身につけることに重点を置いている。学校教育では基本的な知識の体系性を取り入れていくインプットが重要な学びとなるが、社会体験学習は、身につけた知識を社会生活で生かしたり、地域・社会に貢献するなどのアウトプットが重要な活動となる。これらの社会的な活動を通じて、知識と社会生活の結合、知識と労働・作業・実践との結合を行い、その結果、行動としての社会規範を身につけていくことができる。

　社会体験学習は、飼育栽培・農業体験など自然体験活動と似ている活動があるが、社会体験学習は、目的が社会貢献や社会規範や勤労性を獲得するなど社会的な活動と連携することを目的にする。したがって同じ自然に関わる

体験活動であっても、自然との触れ合いや気づきを中心的な目的とする自然体験学習に比して、自然と社会との共存・共創や自然環境保全など、目的がより社会的な活動になるのが社会体験活動である。

　社会体験学習を、目的性で大きく分類すると次の3つがある。

**目的性から分類した社会体験学習の3つの種類**

| 種類 | 目的性 | 具体的活動例 |
|---|---|---|
| 1）社会貢献活動 | 公共活動・福祉活動や誰かへの貢献活動など、弱者や社会への貢献を目的とする活動 | 社会福祉施設活動・ボランティア活動・校外公共施設の公共活動・公共施設や道路など公共空間の美化活動・地域啓発活動・防犯活動 |
| 2）制作・飼育・栽培活動 | 物の制作・生物飼育栽培・社会環境づくりなどを通じて社会を創る活動やその方法の会得を目的とする活動 | 物の制作活動・小屋制作等の大工活動・飼育活動・作物栽培活動・花壇整備・植林活動・木道等の環境整備・草刈り・福祉共同作業所活動・街づくり整備 |
| 3）地域産業・職業体験活動 | 地域の産業や職業を理解し、地域産業に貢献することを目的とする活動 | 稲作体験活動・農漁業体験活動・親の職場訪問・中小企業職場体験活動・工場見学・模擬店活動・産業祭等への補助・地域産業おこし活動への補助 |

　社会貢献活動は、公共活動・福祉活動や他者に貢献する活動を通じて社会に貢献する意義を学ぶ活動である。制作・飼育・栽培活動は、制作作業・工作・修復活動や生物を育てる具体的活動を通じて、社会を創る活動の意義を学ぶ活動である。地域産業・職業体験活動は、地域の生業を体験することで、地域産業・職業を理解し働く意義を学ぶ活動である。これらはいずれも社会活動や社会環境づくりに貢献したり、地域産業に関わることで、社会と自分の生き方を結びつけていくものである。

## （3）体験活動と地域素材の探究学習との連動性の有効性
　様々な自然体験活動・社会体験活動等の体験活動をする場合にも、やりたい活動を様々なメニューの中から選択し、子どもがやりたい活動と様々な学習活動を結びつけて体験活動をする方が、その意義を理解しやすい。自然体

験活動・社会体験活動に関する事象を資料等で調べていくと、活動の意義や
方法も具体的に見えるために、活動にも意欲的に取り組みやすくなる。

　例えば、体験・観察・見学の前に、その施設や活動内容を調べたり、地域
の中での由来を学ぶことで、地域・社会全体の中でのその活動の意義をとら
えることができる。身近な地域の農業体験に関わって、地域の作物の特性・
自然との関係・地域農業の歴史・自然の変化・担い手問題・流通経路・輸入
等の国際関係など、様々な関連する現実を知ることで、より体験活動を様々
な事象と結びつけてとらえる問題意識の姿勢を高めることができる。地域で
の自然・社会に関わる活動をすることと、地域の活動意義や関連知識を学ぶ
ことで、より地域社会に貢献しようとする気持ちも高くなる。

　子どもの判断基準は無意識のうちに先行生活体験を基準にしている。自然
条件や社会事象を判断するための基準は、身近な地域の体験に求めており、
地域に暮らす人々の生活や営みを取り入れている。この地域と関わる体験的
な活動は、行動として地域に働きかけ地域を変えていく姿勢を育成する。こ
のような活動は、生活行動力を育成するので、学級においても具体的な運営
のための行動につながっていく。すなわち体験学習は、生活行動力を高める
が、このことは、集団性や行動力を高めることを通じて学級経営の基盤とな
る。

# 第11章 社会関係力を高める 遊び集団づくりの対応

川前あゆみ

## ポイントと対応課題

①10歳頃までのギャングエイジ期は、抽象的な思考よりも、具体的な事象の変化を追うことが得意で、あまり失敗を恐れずに行動的に挑戦することができる発達段階である。

②周りを意識する思春期の発達段階では、大きな失敗が挫折となり、意欲を失っていくこともある。

③失敗してもまた行動できるギャングエイジ期の発達段階だからこそ、様々な失敗も通じて、挑戦性や行動力を大事にしていく必要がある。

④生活環境や地域環境の変化は、子どもの遊びや生活を大きく変え、それによって体力・行動力や創造力・社会性の低下など、様々な影響を与えている。

⑤子どもは、ある発達段階までは、人間関係を使い分ける機能的人間関係ではなく、すべて一緒に行動できる全人格的人間関係が重要である。

⑥異年齢集団の中で、子どもはリーダーシップや社会性を学ぶことができる。

⑦昔遊びは、単なる高齢者との交流ではなく、現在の遊びと生活環境の変化の中で失われた創造力や行動力や集団性を取り戻す教育効果を高めることを目的としている。

## 1. 子どものギャングエイジ期の発達段階と人間関係の必要性

　日常的な遊びと遊び集団は、見えないカリキュラムとして、子どもの発達と日常的な人間関係を支えており、そのことが学級経営の基盤となる。子どもの人間関係は、元々学級の中だけでなく、普段の自由な人間関係の中で培われるものである。どの子どももある程度人間関係の中で失敗を繰り返しな

がら、多様な対応方法を身につけていくものであり、この人間関係の失敗を経験せずには、人間関係づくりは発展しない。

　少年期の発達段階を大きく分けると、ギャングエイジ期と思春期に分けることができる。とりわけギャングエイジ期と言われる6歳から10歳頃までの発達段階としての特徴は、比較的失敗を恐れずに行動することができ、抽象的な思考よりも、具体的な事象の変化を追うことが得意な発達段階である。また記憶力も豊かで、様々な現象に対して、直感的に判断する力が豊かな発達段階である。さらに人間関係では、人見知りも少なくすぐに友だちになり集団的に活動するが、けんかなどですぐに離れてしまうことも気にならない。要するに人間関係でも現金である。

　このような活動的な発達段階では、論理だけでなく、感性に訴え感性を伸ばすことが重要で、また身体が大きくなって体力・行動力が伸びるために、様々なことを体験・活動しながら、実行力を高めていくことが重要である。これらの特性は、人間関係でも、失敗を恐れずに様々な人と付き合い、多様な人間関係を広げることができる発達段階でもあり、意識的に様々な人間関係を広げていくことが重要である。

　一方11歳頃から15歳頃までの思春期においては、身体の特徴が変化するだけでなく、心理的には周囲を意識し始め、同調性や集団性が強くなる。また行動よりも思考を前提にしないと行動に移すことができない傾向があり、失敗を恐れて新しい行動を起こすことができにくくなる。また思春期は、周りを意識するために、表面上カムフラージュしたり、本音を言わなくなってくる。

　思春期はこのような発達傾向があるため、人間関係においても、具体的に失敗しながら人間関係を修復していくことよりも、最初から失敗しないような行動を選択する傾向も強い。この思春期では、大きな失敗は逆に萎縮させてしまい、新たな行動に踏み出せなくなるマイナス要素ともなってしまう。

　このようなギャングエイジ期と思春期の違いからすれば、ギャングエイジ期に様々な人間関係をつくり、現実社会の中で行動して、失敗しながらもそれを克服していく経験が、その後の長期的な発達にとって重要になる。思春期に入ってからの失敗は、逆に大きな挫折や逆行意識をもたらしてしまう可能性も高い。

## 2. 子どもたちの生活環境・教育環境の変化と集団づくりによる教育課題の克服

　ギャングエイジ期には、それに相応しい活動や集団的な関係を提供し、その発達段階で特に伸びる能力を伸ばしていくことが重要である。ギャングエイジ期でのこれまでの重要な関係づくりの契機は、集団的な遊びである。集団的な遊びの中で様々な活動や関係が、子どもの社会的な成長の糧となっていた。

　しかし一方で、社会環境・地域環境・生活環境が変化し、子どもの発達段階ごとの成長を阻害している状況もある。特に少年期の発達は、遊び環境・生活環境・地域環境によっても大きくマイナスの影響を受ける。そのため、そのマイナスの影響を意識しながら、遊びづくり・人間関係づくり・集団づくり・生活習慣づくりなど、意識的な教育活動の働きかけを施さなければならない。

　子どもの生活がコンピュータゲームやSNSの普及等によって、個別化する中では、あえて3人以上の集団を組織させて、その中で多様な意見交換や意見の相対化などを図りながら、新しい人間関係をつくらせていく必要がある。2人では集団にならず、3人以上ではじめて集団になる。A氏とB氏の2人の関係を〇×でとらえると、2通りであるが、A氏B氏C氏3人の関係を〇×でとらえると、8通りの関係となる。人数が増えるたびに、急速に多様な関係が広がり、牽制し合ったり認め合ったりする複雑な集団関係づくりができるからである。

　子どもの遊び環境・生活環境・地域環境として大きな要素とその教育的影響は以下のような点である。

**子どもの遊び環境・生活環境・地域環境の変化と教育的影響**

| 子どもの生活環境・地域環境の変化 | 生活環境の変化による教育環境の変化 | 子どもへの教育的影響 |
| --- | --- | --- |
| 1）少子化と一人っ子 | ・過保護・過干渉の増加。<br>・兄弟という子ども間の最初の会話の減少。<br>・けんか・対立などの経験も減少。 | ・けんかしても許される最初の人間関係づくりの失敗を経験できない。 |

| 2) 自然環境と自然体験・自然遊びの減少 | ・自然物を使った遊びの中で加工・工夫する経験の減少。<br>・動植物の生命との触れ合いの減少。 | ・手作業・加工作業による工夫が経験できない。<br>・生命の重みを実感できない。 |
|---|---|---|
| 3) 広場・公園での集まりの減少 | ・集団遊びなど、集団的で身体を使った屋外遊びの減少。 | ・体力づくりの機会が低下する。<br>・集団活動の機会や経験が希薄化する。 |
| 4) コンピュータゲームの普及 | ・一人遊びの増加。<br>・バーチャルな世界への没入。<br>・子ども間の会話の減少。 | ・体力づくり、人間関係づくりの機会が減少し、現実問題解決の機会が減少する。 |
| 5) 携帯電話の普及 | ・メールでの会話とそれによる誤解の増加。<br>・顔を見ないでの会話が増加。 | ・表情・態度等によるノンバーバルコミュニケーションの表現機会が減少する。 |
| 6) 生活様式の合理化と家事労働の減少 | ・家族内の家事労働等の役割分担の減少<br>・身体を動かす労働の減少 | ・作業の役割分担・協業意識・責任意識などが低下する。<br>・勤労意識が低下する。 |
| 7) 家庭を取り巻く経済環境の悪化 | ・保護者の帰宅が遅く、子どもの生活サイクルの乱れ<br>・子どもと向き合う時間の減少 | ・子どもの生活習慣・学習習慣・食生活習慣が乱れる。<br>・偏食により不健康になる。 |
| 8) 地域行事・伝統行事・地域奉仕活動等の減少 | ・地域の大人との接触時間の減少。<br>・公共奉仕活動等の減少。 | ・地域の大人と接触する社会的経験が少なく、地域に貢献するという意識も低下する。<br>・異世代交流意識が低下する。 |

※図表は筆者作成。以下同様。

　これらの子どもの遊び環境・生活環境・地域環境の変化が大きいために、その教育的影響を補うために、家庭も地域も学校も、あえて集団づくりを進めていく必要性が強まっている。

　元々の子どもの本来的な要求の一つには、友だちからの承認要求がある。ただ、相互承認をつくる過程では、友だち間の誤解・行き違いや意見対立も当然生じてくる。特にギャングエイジ期では、率直に意見を出し合ったりするため、非常に意見の対立も生じやすい。逆に対立を避けることだけを強調すると、一人だけで過ごすことが良いことになる。ある程度人間関係の中で

我慢すること、妥協することも含めて、様々な調整を学ぶことが、長期的には重要な成長条件となる。対立や意見の違いを含めて集団的な関係をつくっていく経験は、苦労や精神的な不自由さも伴うが、逆に困ったときには助けてもらうこともできるようになる。

## 3. 学級の基盤となる子どもの仲間集団の特徴と教育的役割

### （1）全人格的人間関係と機能的人間関係を行き交う仲間づくりの特徴と教育的役割

　元々ギャングエイジ期に見られる子どもの仲間集団は、遊ぶメンバーがある程度固定して、お互いの全部を知って役割分担ができたりする。その中で一人の人間の多面性も見ている。

　一方発達段階では、徐々に全人格的な人間関係から、機能に応じて使い分ける機能的人間関係に移行していく。すなわち自分の特性と都合に合わせて、それぞれのつきあう集団が分離していく。例えば大人の中での職場集団と趣味集団と地域生活集団はそれぞれ異なり分離していく。

　一方この機能的人間関係だけが早くから展開してしまうと、自分の利己的都合に応じて友だちを使い分けてしまうことだけを覚えてしまい、利己的人間関係になってしまう。したがってある程度の発達段階までは、全人格的な人間関係を経験しながら、その中で機能的な人間関係を学んでいくことが重要になる。大人になっていく過程では、この全人格的人間関係と機能的人間関係を行き交いながら成長していく。

### （2）異年齢集団の教育的役割

　ギャングエイジ期では、しばしば上級生リーダーが下級生を集団的に巻き込んでいくために、子どもの異年齢集団ができていた。この異年齢集団は、思春期になると"卒業"していき、次の世代が異年齢集団のリーダー的存在となっていく。この異年齢集団は、ある意味では職場社会の縮図であり、職場に入ると20歳代から60歳代まで存在している。

　異年齢集団の中では、年下の子どもは、年上の子どものできるところや見習うべきところを見つけて目標とし、自己努力する力を身につけていく。年上の子どもは、全体を見渡す力や温かく見守る力を身につけていきながら、統括していくリーダーシップの力を身につけていく。

　異年齢集団は、同年齢集団に比べてそもそも力量差があることが前提になるため、年上の子どもは年下の子どもを支配する関係であるとともに、年下の子どもを守る関係にもなっている。けんかや対立が起きたときは、年上の子どもは、全体を見渡しながら調整していく役割をも果たしていく。このような異年齢集団は、子どもの遊び集団を通じて、社会の構造を経験的に学ぶ上で重要な機会を施している。この異年齢集団は、現代では自然発生的にできるものではなく、タテ割班などを意識的に設定しないと経験できない。

## 4. 原体験遊び・昔遊びの教育効果と意識的な遊びの提供

　しばしば小学校では、高齢者にお願いして昔遊びを子どもに指導して頂く行事・クラブ活動を持っている。これは単に昔の生活を懐かしんでいるわけではない。昔遊びを通じた高齢者と子どもたちとの触れ合いという意味を有すること、またパターン化したコンピュータゲーム等の遊びにはない、工作創造活動を伴う昔遊び自体に教育効果があるからである。

　昔遊びの特徴と教育効果には次のようなものがある。

**子どもたちの昔遊びの特徴と教育効果**

| 昔遊びの種類 | 遊び内容 | 教育効果 |
| --- | --- | --- |
| 1）遊び道具の製作と工夫 | 縄遊び・草冠・リース・笹船・草笛・竹鉄砲・花の色水による染色・どんぐり駒・竹馬・パチンコ鉄砲 | 創造力・制作力・手先動作力・小道具使用力・技能 |
| 2）昆虫採集・昆虫等の飼育 | アリ・バッタ・蝶・カブトムシ・クワガタ・青虫・幼虫・ミミズ | 生態観察力・発見力・食物連鎖観・生命の尊重 |
| 3）魚釣り・水生生物の飼育 | フナ・メダカ・カエル・ザリガニ・亀・貝・沢カニ・川遊び | 生態観察力・発見力・食物連鎖観・生命の尊重 |
| 4）火を使う体験 | 火おこし・マッチ・野焼き・焼き芋・焼き物・湯沸かし | 火の活用による生活進化と文化の認識 |
| 5）土・泥遊び体験 | 泥遊び・砂遊び・土遊び・土掘り・穴掘り・箱庭造り・川づくり・池づくり | 土地・地球再生産の認識 |

| 6）隠れ家づくり | 基地づくり・秘密場所・土穴・煉瓦積み・廃材家屋・物置小屋 | 大人からの独立・自立心・自治 |
| 7）集団遊び | かごめかごめ・鬼ごっこ・かくれんぼ・ハンカチ落とし・缶蹴り | 体力・活動力・集団関係調整 |

　子どもたちは、これらの昔ながらの遊びを通じて、遊び道具の製作・工夫や交流を通じて、創意工夫をこらしたり、集団的な関係を学んだりしていた。また自然との関係では、大人も気づかないような細かい変化や違いを発見しながら、観察力・発見力を高めるとともに、生命尊重の意識をもたらしていた。

　遊びの人数は、集団的な遊びであるために、集団的な関係づくりや、多様な人間関係のあり方も学んでいた。遊びのほとんどは体を使った外遊びであるために、遊びの中で体力を鍛えていた。隠れ家は、大人から独立した溜まり場であり、その運営を通じて社会の縮図としての集団的関係や役割分担を学んでいた。

　子どもの遊びの中には、遊びを通じた競争や対立・けんかもあるが、一緒に楽しく遊ぶ中での対立・けんかでもあるため、けんかを途中で止め、人間関係を再調整しながら、協同的な関係や、いい意味での切磋琢磨の高め合う競争の雰囲気をつくり出していた。遊びは、そもそも楽しければそれでいいのであり、遊び自体には最初に教育的な目的を持つものではないが、集団的・身体的な遊びの中で、無意図的に、教育的な意味を持っていた。

　一方近年の子どもたちは、室内で個々別々にコンピュータゲームで遊んだり、体を使わずにテレビを見て過ごしたり、集まったとしても大人数ではなく少人数で遊んだりしている。

　これらの昔遊びから現代の遊びになるにしたがって、①自然の遊びから機械の遊びへ、②屋外の遊びから室内の遊びへ、③集団の遊びから個別の遊びへ、④動的な遊びから静的な遊びへ、⑤創造的な遊びから型にはまった遊びへ、全体的に変化してきたと言える。

　このような昔ながらの遊びは、生活が機械化・個別化すればするほどなくなっていく。したがって、昔遊びが持っていた教育的な役割も失われていくために、あえて集団的な遊びや体を使った遊びを奨励していき、日常的な遊

びの中で、社会性や体力づくりを進めていくことも重要になっている。とり
わけ小学校期は、体も大きくなって、どんどん困難を乗り越えていく時期で
もあり、この時期に適度な身体や人間関係の負荷をかけながら、社会性や忍
耐力を高めていくことが重要である。

　このような遊びを通じた集団的な関係は、無意図的な活動であるが、遊び
を通じた人間関係は一体感をもたらし、集団的な関係性をつくる条件となる。
学校内外において、遊びを通じた人間関係は、学級の中で“友だちの友だち
は友だち”という連鎖的な集団をつくっていき、このことが学級経営の基盤
となる。したがって、学校においては、学級内外の遊びを奨励したり、その
きっかけをつくっていくことも、学級の基盤づくりとなる。

第**12**章　自立を目指す社会的役割・責任感の育成の対応

川前あゆみ

**ポイントと対応課題**

①自立を目指す社会的役割や責任感を持つ子どもが多い学級の方が、学級内の役割や責任感も持つので、学級経営がより円滑に展開する。

②子ども自身が将来の生き方や目指すべき職業を考え続けることが、子どもの目的意識や社会的役割意識を高め、学習意欲を高める基盤となる。

③子どもたちにも課題挑戦意識を持つことの重要性を伝えるとともに、教師は子どもへの励ましや期待感を持って、課題挑戦意識を育てていくことが重要である。

④「〇〇すると△△できないよ」等の子どもの勇気と意欲をくじく予防線や禁止の教育が、子どもの自発性や内発的意欲を削ぐ。

⑤子どもができる範囲で、可能な目標を設定し、それに向けて行動する習慣を促していくことが、自立の条件となる。

⑥子どもが教師の指示通りに動くことよりも、少々の困難を伴いながらも、自分で考えて行動することを促していくことが、長期的には子どもは自立していく。

⑦学校では、職場環境の特徴はあまり教えられていないが、職場環境と学校環境の違いを教えながら、目指すべき大人像を考えさせることが重要である。

⑧職場環境の特徴を伝えることで、学校は子どもたちを社会の厳しさから守る役割も持っていることを示すことができる。

## 1. 義務教育におけるキャリア教育と学級経営との潜在的関連性

　将来に向けて子どもが目指すべき姿を持ち、社会的役割や責任感を発揮し

ようとする子どもが多くいる学級は、学級経営が安定していく。逆に子どもたちが社会的役割や責任感を自覚していないと、学級内の役割や責任も放棄され、学級経営の基盤は崩れていく。

　近年義務教育段階からのキャリア教育の必要性が強調されている。義務教育の場合のキャリア教育は、直接特定職業に直結する技能教育ではなく、普遍的・汎用的な能力の上に、さらに自分自身が何の資質を身につけどのような大人になるか、どのような職業を目指そうとするか、どんな生き方をするかの生き方教育でもある。

　子ども自身が自分の将来の生き方や目指すべき職業について、漠然とでも考えているものがあれば、学校で学ぶ教科等の知識も、職業知識・技能と結びついて見えてくる。また目的意識があると、学校に行く意味や学校で勉強する目的も見えてくる。そのため、子ども自身の「何のために勉強するのか」という問いの答えは、子ども自身の中に、「自分が目指している将来の夢を実現するため」という答えを見いださせる。さらに目的意識が似通った者同士が切磋琢磨することで、徐々に仲間との学び合いや励まし合いも高まる。

　このような勉強に対する目的意識が生まれるために、一般的に将来の生き方や職業などを考えている人は、学級でも学ぶ意義を見つけ学力も高い傾向がある。したがって長期的には、子どもが何となく思い描いている将来の目指すべき大人像や職業などの目的意識を、教師が想起させる学級活動を取り入れていくことが、子どもの学習活動や仲間との学び合いを高めていく基盤となる。

## 2. 課題挑戦意識の重要性を伝える学級活動

### （1）課題挑戦意識の高い人の特徴と学級内での話し合い

　学習活動も教育活動も、内発的な動機を高めていくことが重要である。内発的な動機づけをどのように図っていくかは、多様な方法の中で、その個人に合った方法を選択することが重要になり、必ずしも予定調和的にうまく展開するものではない。ただ基本的には、子どもを励ますこと、少しの伸びも評価すること、期待すること、などを基盤にして、「それをやること自体が楽しい」という内発的な気持ちをつくり出していくことが重要である。また

　子どもたちには、様々な困難や苦しいことがあっても、課題挑戦意識が長期的には大事であることは伝えていかなければならない。

　課題挑戦意識の高い人は、しばしば「やる気のある人」と称されている人である。あらゆる成長は、新しいことに取り組むことであり、現在の自分の水準を超えるものである。そのため、常に予測しにくく、それだけ悩みと不安をもたらすために、新たな課題挑戦意識を伴わなければならない。

　課題挑戦意識の高い人（＝やる気のある人）の行動特徴と心構えとしては、以下のような特徴がある。

**課題挑戦意識の高い人（＝やる気のある人）の行動特徴と心構え**

| １）自信の存在 | 課題をこなせるだろうという自信がある。 |
|---|---|
| ２）自分の到達点の認識 | 過去の経験から自分の力量と特性もある程度分かっている。 |
| ３）成果への関心 | 到達目標や成果を予測し、成果への到達関心度が高い。 |
| ４）目標までのプロセス認識 | 目標までのプロセスと具体的条件を認識している。 |
| ５）自己決定意識 | 指示待ちではなく自己決定意識が高い。 |
| ６）責任感の意識 | 任された役割に対する責任感が強い。 |
| ７）失敗時の原因分析 | 失敗時に、運の問題ではなく、具体的な原因を分析する。 |
| ８）失敗時の自己分析 | 失敗時に、他人の責任ではなく、自己原因を分析する。 |

　※図表は筆者作成。以下同様。

　このような課題挑戦意識の高い人（＝やる気のある人）の特徴を、学級会などで、子どもたちに考えさせることが重要なる。それによって日常的な目指すべき生き方も見えてくるからである。学級活動では、子どもたちに身近な経験から、課題挑戦意識の高い人（＝やる気のある人）の特徴を出させながら、自分たちが目指すべき姿を、自分自身で意識させていく。その目指すべき姿は、全員が同じである必要はなく、それぞれが自分の目指すものを意識するというだけで良い。

## （2）課題挑戦意識の高い人の外部からの条件と環境

　課題挑戦意識の高さは、最初からあるものではなく、徐々につくられるものである。その条件には以下のようなものがある。

**課題挑戦意識を外部から高める条件**

| | |
|---|---|
| １）周りからの励まし | 幼児期から励ましを多く受けている。 |
| ２）周りからの期待感 | 周りからの期待感を受けている。 |
| ３）周りからのアドバイス | 見通しが持てるアドバイスを受けている。 |
| ４）禁止と禁止理由 | 単なる禁止ではなく、禁止理由が分かる。 |
| ５）友人との関係 | 友人を多く持ち、友人と高め合っている。 |
| ６）失敗時の対応 | 失敗の理由を自分で考えるように仕向ける。 |
| ７）保護者の対応 | 保護者の愛情を感じられるように仕向ける。 |

　このように、子どもが周りから励まし・期待感・アドバイスを受けたり、友人を多く持って高め合ったりしていると、課題挑戦意識も高まってくる。また一方、「〇〇してはだめだ」などの単なる禁止・制限ではなく、理由が分かるような禁止・制限を施していたり、失敗時に理由を自分で考えられるように仕向けていると、失敗を次の挑戦の基盤にすることができる。

　これらの条件の繰り返しの中で、次に新しい課題が生じても、何とかやれるだろうという見通しと勇気を持つことができ、課題に対して挑戦的になれる。課題挑戦意識を外部から高めることは、極めて時間と労力が必要となるが、教師がこれらの条件を留意しておくことで、無意識のうちに、課題に挑戦的になれるメッセージを学級活動の中で発していくことができる。

## （3）勇気くじきの外部からの阻害要因

　一方子どもの勇気や意欲をくじかれ、課題に対して挑戦的に挑めないようになる外部からの阻害要因もある。

　勇気と意欲をくじく外部からの阻害要因には、次のようなものがある。

**勇気と意欲くじきの外部からの阻害要因**

| 1）超過大な期待 | 子どもへのあまりにも過大な期待や高すぎる目標値を設定する。 |
|---|---|
| 2）不安感の醸成 | 子どもが不安を高めるような言動をして、不安感を醸成する。 |
| 3）負の予防線だけを張る | 「〇〇できないと△△もできない」などの予防線だけを張る。 |
| 4）低め合う競争 | 敵失だけを期待して、子ども間で一緒に伸びようとしない。 |

　このように外部からの様々な阻害要因によって、勇気と意欲をくじかれてしまい、課題に挑戦できなくなってくる。元々やる気は、内面から出るものであり、いったん内面にある勇気と意欲が根本的に削がれてしまえば、外部からの動機づけは、ほとんど効果はなくなる。

　過度な期待では、例えば、「何だこれしかできないのか」という雰囲気が投げかけられると、客観的にはできても、自分は達成できないと感じていく。「◎◎すると、◇◇のような結果にしかならないよ」とか「□□すると相手にされないよ」という負の予防線が強いと、足を踏み入れる自信と勇気がなくなったりする。「〇〇君が落ちてくれると助かる」という低め合う競争も、知らず知らずのうちに自分の成長を妨げている。これらの指導は、教師が何となく普段から子どもたちに投げかけてしまう場合がある。

　一般的に競争を排除すれば、伸びなくなると考えられているが、単純に競争を強化していけば、全体の能率が上がるというものでもない。競争で常に勝てる子どもは意欲を増すが、むしろ競争の中で勝てないと判断した子どもたちは、いっそう意欲を削がれることになる。すなわち一緒に伸びようという高め合う競争でなければ、全体としては、子ども自身の勇気も生まれてこない。これらのような阻害要因の中で、子どもは課題に挑戦できなくなってくる。これらのマイナス要素を教師が意識しておくことによって、勇気くじきや意欲低下のマイナス要因を取り除くことができる。

## （4）指示待ちと自分で考える達成感の重要性

　短期的には、子どもたちは指示通りに動くことが、早く成長できると言え

る。教師から見ると、指示通りに動く子どもをしばしば良いことだと考え、評価する傾向もある。ただし長期的に見れば、自分の判断で行動することができず、結果的には自律的な成長を阻害してしまう。指示されたことをやる行動と、自分で目標をつくってやる行動とでは、同じ行動であっても、自立に向けた成長条件の前提は大きく異なってくる。指示されたことだけが行動基準になっている場合には、逆の面としては、「指示されたことはしたので、それ以外はやらなくていい」というマイナス面も出てくる。

　確かに子どもは、大きな困難にぶつかった場合は、勇気と自信や行動力を低下させるが、適度な困難は、それを乗り越えることによって達成感が高まり、新たな自信と行動力を高めていく。

　この達成感を高めるためには、まず子どもに目的意識を持たせることが重要である。そのため子どもたちに、「どんな目標を掲げるか」「どんな内容を習得するか」などの、目的意識を持つような問いを投げかけ続けていくことが重要である。そして自己目標は与えられるものではなく、常に子ども本人によって考え、そしてその自己目標を語ることができるように仕向けていく。そして自分の目標に立ち返ってその達成度を自分でふり返っていくように仕向けていくことである。

　ふり返りの時期は年間の学級活動の中で、短期・中期・長期ごとにとらえていくが、子どもの目的意識も達成度の内容も、常に変化していくものであることを前提にしておかなければならない。目標が変化していくことは、必ずしもいいことではないが、自分の目標を諦めてしまうことや、持たなくなってくることよりは、たとえ軌道修正や下方修正したとしても、自分自身の目標を着実に持たせていくことは、子どもの長期的な自立にとって重要なことである。教師は、常に、指示だけの指導になっていないかどうかを自分自身で確認していくことが重要である。

## 3. 職場と学校の違いを意識させる活動

　自立の過程は、学校段階だけで終わるのではなく、将来の社会人としての職業生活において最も求められる。学校段階での自立支援は、社会人になるまでの階梯である。社会規律や社会常識を伝えていくことも、子どもにとっては厳しい側面もあるが、ある意味では、社会人になる以前の学校段階では、

社会の厳しい規律から優しく守られている部分もある。生徒から見れば、校則や社会規範をなくして自由にしたいという気持ちもあり、学校規範の厳しさも感じてしまうが、それは社会に出るまでの段階的な自立支援でもあることを理解してもらう必要がある。社会に出るまでの段階的な自立支援の意味合いが理解されないと、単に学校の厳しさに対して感情的反発だけをもたらしてしまうことになる。

　厳しさを含む職場環境と、保護と厳しさの両方を含む児童生徒の学校環境との違いは次のような点である。

### 職場の環境と学校環境との違い

| | 学校での児童生徒の立場と環境 | 職場での社会人の立場と環境 |
|---|---|---|
| 1） | 同年代の同級生・友人が主（同質性） | 色々な異年齢・異世代の人がいる |
| 2） | 学校の目的は知識の習得にある | 職場の目的は仕事にある |
| 3） | 限られた教育課程や教科書の枠での対応 | 総合的な応用力と人間力が必要 |
| 4） | 学力が優先される場合が多い | 学力以外の能力が求められる |
| 5） | 自分だけ勉強していれば済まされる場合も多い | チームワークによる向上が求められると同時に個人の力量も問われる |
| 6） | 春夏冬の長期休暇がある中で、休養もとることができる | 春夏冬の長期休暇がなく忍耐力が必要 |
| 7） | 職場に比べて1日の授業時間は短い | 1日の執務時間が長い |
| 8） | 生活の維持に直接結びついていない | 生活の維持に直接結びついている |
| 9） | 先生がいる（教えてもらえる） | 先生がいない（自分自身で考える） |
| 10) | 義務教育の授業料は無償（責任は学校・教師） | 勤労の対価として給料を受け取る（責任がある） |
| 11) | 試験がある（テスト成績が中心になる） | 試験がない（生き方全体が問われる） |

| 12) | 教える先生の指示と判断に依拠した結論 | 意見を出し討論する中での結論が求められると共に、上司の指示と判断にも従う |
|---|---|---|
| 13) | 仕事のつらさを教えていない | 仕事は楽しいだけではないことを教わる |
| 14) | 人格的な総合力は未熟なものとして位置づけられる | 職場が求めるものに沿って人格的な総合力が求められる |

　このように、学校（子ども）の環境と職場（社会人）の環境とは、様々な面で置かれた立場と環境が異なる。重要なことは、将来の自立に向けて、学校環境と職場環境の違いを教えているかどうかが重要になる。このような職場環境の厳しさの理解に加えて、学校環境は、厳しさの中にも子どもが守られている部分も多く、段階的な成長が支援されるようになっていることを理解できることが重要である。これによって、長期的な生き方の目標と目指すべき大人像を意識することができる。

　このような社会の厳しさと職場環境の違いを理解する契機をつくるためにも、職場体験学習などで、大人社会のモラルや厳しさを感じることは重要である。このことは、改めて、先生と生徒の関係と、厳しく見える学校規律の意味を考えるきっかけにもなる。

　一方、近年の学校教育では、いわゆる狭い意味での学力向上が重視される傾向も強く、生活体験・勤労体験・キャリア教育が軽視される傾向も強い。現代の子どもたちは、ゲーム世代でもあり、本当の遊び体験や労働体験を経験していない子ども時代を過ごしている。それだけに、改めてそのような日常的な学校の人間関係だけではない社会関係の機会を設定することが、学校教育にとっても重要であると言える。

　これらの社会関係や自立的な規律・規範を伴う社会的能力は、長い間の生活過程の中で形成されるものであり、長期的な成長期間が必要である。その過程で自立を目指す社会的役割・責任感を高めるように意識的に追求させることは学級経営の基盤となる。

# V

## 教師の協働的な
## 関係力を見せる

# 序 教師の協働的な雰囲気を見せることはなぜ必要か

棚澤 実

　教師は、いつ、どこでも、どんなときにも、教師と見られている。1日の中で、勤務時間外になると「教師が終わり」という認識は、世間で通用しないのである。休日に、外で、教師が保護者や地域住民と顔を合わせた場合、もちろん、その人たちは、教師として接してくる。この意味することは、何か。

　教師という職業が、その特性として模範性を有しており、公に多大な責任と役割を担っているということを示しているのである。したがって、一部の教師ではなく、教師集団として範を示す姿が大事であり、そのためには、日常的に協働性を高めるとともに、子どもや保護者、地域住民が、その雰囲気を感じ取れるような集団となる必要がある。また、信頼関係を強化するためには、双方向の円滑な情報交換の工夫を図ることが、大切である。

　第13章では、教師集団によるチームとしての対応の必要性と社会的背景、ティーム・ティーチングにおけるフォローの必要性、協働性を高める学校運営と意識的な関係づくりや教師の研修のあり方について述べている。現在は、教師の多忙化が懸念され、放課後の時間をじっくりと活用して、先輩教師が若手教師の資質や能力の向上に資するという関係性が、従来に比べ薄れてきている。しかし、多種多様な教育問題の発生に見る社会的背景を考えたとき、尚更のこと、チームとしての対応が必要である。

　教師集団も一人一人の経験年数が異なる集団である。経験の浅い教師も経験豊かな教師も、同じ課題の解決に向けて取り組む同士である。経験の浅い教師は謙虚に学ぶとともに、柔軟な発想で表現したり、経験豊かな教師は先輩として経験の浅い教師の発想を生かしながら自分磨きに努めたりすることで、各々の役割を果たしチームとして取り組むことの良さや有能さを感じながら、協働できることが大切なのである。

　第14章では、教師が、子どもや保護者、地域住民との信頼関係をいかにし

て築くのか、教師の範としての意欲と指導力、ほめと叱りの方法、教師の期待によるピグマリオン効果と役割貢献度による集団としての力の向上について述べている。教師も様々な教育活動に取り組む際、教師同士で相談したり、アイディアを生かし合ったりする。その姿を子どもたちに見せることで（意識する、しないにかかわらず）、そのような行為が当たり前のこととして子どもたちに受け止められ、一方で、子どもたちの取組においても、多くの仲間同士で知恵を出し合い、協力し合うことにより、より良い活動を実現しようという意識を高めることにつながるのである。

　ほめ方と叱り方、教師の期待による効果については、道徳性の発達との関わりで見たとき、指導上、様々なヒントを与えてくれる。例えば、道徳性の認知発達理論によれば、小学校低学年では、教師や大人の権威に忠実に従って、行動することが多い。例えば「〜したらダメなんだよ。先生が言ってたよ。」とか「そんなことしたら、先生に言いつけるよ。」というものである。これは、大人の権威に無条件に服従するという特徴であり、この特徴を生かして行動を統率できる時期でもある。

　そして、次に、大人がすべて正しいという信念がなくなり、代わりに過度の平等意識が働き、「この前〜してくれたから、今度は僕がするよ。」というようなギブアンドテイクの関係を重視する特徴を見せ始める。これは、素朴な自己本位志向と呼ばれている。さらに、中学年の後半から高学年にかけて、また、中学生でも、周りの大人の期待に応えようとする時期を迎える。他人が自分をどう見ているのか、何を期待しているのかという関心が強くなり、「みんなのために、〜しよう。」「〜すると、ほめられるし、気持ちもよい。」というような「よい人」を志向する特徴がある。そのような時期では、事実を基に行動をほめるという方法が、その子どもの自尊感情を高め、より積極的な行動を促すことにつながる。

　また、中学生の場合は、集団としての役割や責任を果たすことで、自己の必要感が満たされ達成感を味わいながら、帰属意識や意欲を高めていく時期である。このような発達上の特徴を踏まえるとともに、子どもたちの実態に配慮しながら教師が適切に関わることで、より効果的な関わりを可能にする。毎日の生活の中で、一番身近な存在である教師の一言や一挙手一投足が、子どもたちに大きな影響を与えているということを、忘れてはならないのであ

る。

　第15章では、子どもと保護者との双方向の情報交換づくりの具体策に関わり、その必要性と手段の一つである学級通信の意義や内容、発行上の留意点と課題について述べている。開かれた学校としてのあり方が問われ、そのための具体策を講じている学校現場ではあるが、日々の教育活動について保護者や地域住民が、いつも詳細に知ることはできない。そこで、情報提供及び双方向の情報交換の手段として、学級通信の発行がある。

　学級通信を発行する上で大切なことは、内容にバリエーションをもたせ、形式的な報告に終わらないことである。日々の子ども一人一人の顔が見える内容とすること（子どもの活動する様子や学びの成果としての作品の掲載等）、時に教師の教育に対する考えや思い、学校行事等で知りえた保護者や地域住民からの情報や願い、保護者会等で集まる機会に話題にしたいこと等、時期を考慮した記述に心がけ、教師と保護者及び、保護者同士のコミュニケーションのきっかけとなるような内容であることが大切である。親しみやすい、風通しの良い学級の姿が見える情報は、保護者や地域住民にも安心感を与え、信頼される学校づくりにつながるのである。

**参考文献**

荒木紀幸編著『続　道徳教育はこうすればおもしろい』北大路書房、1997年

# 第13章 教師集団の協働的・補完的雰囲気づくりの対応

玉井康之

### ポイントと対応課題

①教師の孤立的な雰囲気は、子ども間の関係にも良い影響を与えないことを認識する。

②若手教師の中に協働性を重視しない教師も増えていると言われるが、教師集団の協働性の重要性も理解してもらうことが重要である。

③教育課題も多様化しており、教師集団によるチームとしての対応が求められる教育事案が増えている。

④ティームティーチングでは、フォロアーの役割が重要になる。

⑤多忙化の中にあっても、意識的な集団内の協働性を高めることが重要である。

⑥職員会議・委員会等が管理的な雰囲気にならず、自由に発言できる雰囲気が重要である。

⑦自分の省察と反省を前提にした建設的な批判・助言は、協働性を高める条件ともなる。

## 1. 教師集団をめぐる孤立化の傾向と学級経営への影響

　様々な教育課題が生起する中で、教師が多忙化している。教師も多忙化すればするほど、他の人と連携するよりも、自分の当面の仕事を単独で終えようとし、教師間の連携活動も行いにくくなる。これらの孤立的な教師の関係や雰囲気は、子どもにとってもいい影響を与えなくなる。

　多忙化の要因に加えて、教師間の集団的な関係づくりを重視しない雰囲気も高くなっていると言われている。時代の変化もあるが、とりわけ若手教師の間に、自分の教育実践に干渉されたり、意見を言われたりすることに抵抗感が強く、個別化した雰囲気が強いと言われている。

　教師集団の中で協働性をつくろうとしない教師の特性としては、以下のような現象が指摘されている。一般的には、1）あらゆる面で独自の方法だけを採用する教師、2）他人の状況・心境を察しようとしない教師、3）自分の意見を出そうとしない教師、4）権威主義的な体質を強く持つ教師、5）教師以前に社会人としての社会的マナーに欠ける教師、などである。

　時代の変化を踏まえた上で、若手教師の変化に関して指摘されることには、以下のような点がある。

**時代の変化の中で若手教師の変化としてしばしば指摘される現象**

| 若手教師の変化に関する項目 | 若手教師の変化としてしばしば指摘される現象と内容 |
|---|---|
| 1）公私の区別の割り切りの極端さ | ・勤務時間外は「教師ではない」という公私の割り切りが早い。<br>・勤務時間以外は、子ども行事・地域行事等にも出ない。 |
| 2）教育に対する情熱の低下 | ・教育問題で共に討論することを避ける。<br>・教育のプロを目指すという使命感が弱い。<br>・児童生徒の行動のおかしさを感じ取れない。 |
| 3）ベテラン教師との連携の低下 | ・先輩のいいところを見習わない。<br>・分からないところを自分から聞こうとしない。<br>・年配教師の考え方をすべて古いと思っている。 |
| 4）研修に対する意欲の低下 | ・研修会参加など、自己向上のための研修をしない。<br>・公開研究会・公開授業をやりたがらない。<br>・自分で本を買って読もうとしない。 |
| 5）集団への忌避 | ・組織に入りたがらず、集団的な行動ができない。<br>・他人に感謝の気持ちが少なく、お礼が言えない。<br>・TPOを踏まえた社会的なマナーがかけている。 |

※図表は筆者作成。以下同様。

　若手教師の変化として指摘される現象は、全員がそのようになっているわけではないが、少なからず、このような若手教師が生じてきていることも否定できないであろう。

　また学校内の人間関係も、教育活動に関わる協働関係よりも、趣味の話題等のレクレーションに関するインフォーマルな交流に留まる傾向も出ている。むろんレクレーション等のインフォーマルな関係は、人間関係を円滑にする

上で重要な媒介となるが、それらがフォーマルな教育活動の交流等に連動していない状況もある。これは元々教師が持つ専門性の高さが、相互不干渉主義や"学級王国"に陥る傾向があることにも起因している。教育活動の多様な方法を相互に尊重しながらも、同時に教師集団の集団的な教育活動を模索していく必要がある。

　世代間の教師集団のあり方も、年齢が高くなるにつれて、型にはまっていく傾向もあるため、ベテラン教師が若手教師から学ぶなど、世代間の調和と年齢を超えた交流のあり方を考えていく必要がある。

## 2. 教師集団によるチームとしての対応の必要性と社会的背景

　学校も多忙化し教師集団がつくりにくい学校の職場環境が進んでいるが、一方で客観的には集団的に教育活動を進めなければならない状況も進行している。なぜなら全体的に指導困難な子どもや学校での指導課題が増えてきており、個々の教員が別々に指導・活動するだけでは、すべてを網羅的・効果的に対応できない現状が広がっているからである。多忙化し孤立的な状況が生じやすい中だからこそ、逆に集団的なチームとしての対応が必要になってくる。

　教師集団によるチームとしての対応が必要になる社会的背景は、以下のような点である。

**教師集団によるチームとしての対応が必要となる課題と社会的背景**

| チームが必要となる課題の項目 | 教師集団によるチームとしての対応が必要となる社会的背景・理由 |
|---|---|
| 1）多様で深刻な教育問題の発生 | 多様で深刻な教育問題の発生と増加により、教師の個別的対応では限界がある。 |
| 2）多様な個性の子どもへの対応 | 多様な個性と能力をもった子どもに対して、子どもの能力を引き出す最適な教師の担当と連携が必要になる。 |
| 3）教育相談等の教師の専門的力量の必要性 | 特定の教師が持つ教育相談・教育内容・方法の専門的力量を発揮しながら、学校全体として相互補完する必要がある。 |

| 4）教師の精神的負担の増加 | 子どもの問題対応等の精神的負担による教師の精神疾患・中途退職の増加に対して、チームで精神的負担を軽くしていく。 |
| --- | --- |
| 5）教育実践の交流による教育実践力の向上 | 指導困難なケースなども増えており、多様な教育実践の交流による個々の教師の教育実践の高位平準化が求められる。 |
| 6）地域と連携した学校教育活動 | 学校と地域の連携が強く求められるが、地域連携活動では担任を超えた学校全体の地域との連携が不可欠である。 |
| 7）体験活動指導等の特殊技能の集団的な補完 | 体験活動等では、教科にない特殊技能が求められる場合が多く、特定教師の技能を学校全体で共有する必要がある。 |

　この場合の教師集団のあり方とは、相互不干渉主義でもなく、画一的な統一でもなく、相互の立場と方法を超えて、切磋琢磨して相互に高まっていくという集団的な関係である。逆に集団的なまとまりが弱い教師集団の場合は、同調行動が低いところで足並みが揃ってしまい、高いレベルには合わそうとしない傾向もある。相互不干渉主義を超えて、それぞれの力量に応じて、個々の力量を引き上げるような集団的な関係が求められる。集団によって個々の力量が高まることが実感できれば、集団づくりの大変さは、切磋琢磨する過程で乗り越えることができる。

　一方、集団的な関係がなく、困難さがあるにもかかわらず孤立していくときには、負担感は極めて高くなる。その結果心理的ストレスが高まり、1）授業が苦痛になる、2）子どもと対話が減少する、3）子どもを感情的に叱る、4）体罰をしてしまう、5）不公平な子どもの扱いになる、などの影響が出る。当然これらの影響は、学級の雰囲気や子どもの集団的な関係づくりにも悪い影響をもたらす。

## 3. ティームティーチングにおけるフォロアーの必要性とロールプレイ研修

　教師集団の協同的な関係をつくる第一歩は、少人数の協力関係から始まるティームティーチングである。ティームティーチング（略称T.T）は、文字通り複数名で指導する形態である。T.Tの形態は定まったものはなく、同学年複数教師・隣接学年複数教師・同教科複数教師・異教科複数教師・学校全

教職員・管理職等の多様な属性の組み合わせで構成される。

　ティームティーチング導入理念は、教師集団の理念と基本的に同じである。T.Tの理念は、第一に、教育内容の複雑化・多様化に伴い、お互いの専門分野・領域・発想を生かして分担・協力しながら指導の効果を高めることである。第二に、子どもの多様化に合わせて、一人一人の学習速度・学力到達状況・興味・関心など個人差に対応した指導をチームで進めることである。第三に、保護者・地域との連携活動の深化に合わせて、担任と保護者の関係だけでなく、学年・学校全体で保護者・地域に集団的に対応していくことである。

　T.Tは、複数の教師集団が歩調を合わせて指導するため、結果的に相互の教育活動が交流されることになる。その結果、学習指導・学級経営・生活指導も、個々の教師の閉鎖性を脱して、教師の指導力形成にも良い影響を与える。すなわち特定の指導方式を広げ、学習指導・学級経営・生徒指導・教育相談・特別活動等において、多様な形態を生み出していく。その結果、異なる課題を持つ子どもたちに多様なアプローチで、適切な指導方法を施すことができる。

　ティームティーチングで大事な姿勢は、児童生徒の前では同一歩調をとり、教師が窮地に陥ったときには、フォロー役に回ることが重要だということである。例えば教師の生徒指導研修でも、T.Tの教師が果たす役割を重視するロールプレイがある。すなわち生徒からメインティーチャーが反論されたときに、とっさにサブティーチャーがフォロー役に回るロールプレイである。

　特に教師と生徒が対立したり、生徒が反抗したときには、とっさに教師のフォローに回る意見を言えるかどうかが重要になる。教師には、ある程度その人独自のやり方があるため、メインティーチャーが指示したことは、サブティーチャーは肯定も否定もできず任せてフォローもしない傾向もある。このような傾向を乗り越えるためにも、子どもが反発した際には、フォロアーの側に回る訓練をしておくと、無意識に教師はフォロアーの役割を果たせるようになる。

　学校でしばしば起きる生徒指導の例でサブティーチャーがフォロアーに回るロールプレイとして下記のような事例がある。

**サブティーチャーがフォロアーに回るロールプレイ例**

| |
|---|
| 1）例－おもちゃ・飴・ガム・ゲーム等の持ち込み指導のロールプレイ<br>教師「・・の理由で学校でのガムは良くないのでやめるように。」<br>生徒「そんなこと言ったって、・・・だから、いいじゃないか」<br>補助教師「　　　　　　　　・・・だから駄目だ（いいのだ）。」 |
| 2）例－席替えのロールプレイ<br>教師「・・の理由で、○○の形態の指定で席替えをします。」<br>生徒「そんなこと言ったって、・・・だから、△△がいいじゃないか」<br>補助教師「　　　　　　　　・・・だから駄目だ（いいのだ）。」 |
| 3）例－学習班・給食班等のグループ活動の指示のロールプレイ<br>教師「・・の理由で給食の時間のグループは、○○にします。」<br>生徒「そんなこと言ったって、・・・だから、できないじゃないか」<br>補助教師「　　　　　　　　・・・だから駄目だ（いいのだ）。」 |
| 4）例－仲間はずれ指導のロールプレイ<br>教師「・・○○を仲間はずれにしてはいけません。」<br>生徒「そんなこと言ったって、・・・だから、仕方ないじゃないか」<br>補助教師「　　　　　　　　・・・だから駄目だ（いいのだ）。」 |
| 5）例－掃除指導のロールプレイ<br>教師「掃除をさぼってはいけません。」<br>生徒「そんなこと言ったって、・・・だから、しなくていいじゃないか」<br>補助教師「　　　　　　　　・・・だから駄目だ（いいのだ）。」 |

　これらのロールプレイでは、サブティーチャーが、メインティーチャーと生徒のやり取りを聞いて、どう感じたか、そして一瞬のうちにメインティーチャーにフォローアップできるかどうかが課題となる。むろんそれぞれの教師の微妙な対応の違いがあり、メインティーチャーとサブティーチャーがまったく同じ意見ではない場合が多いが、生徒に対しては基本的には同じ姿勢でのぞむことが重要である。メインティーチャーとサブティーチャーが同じ姿勢をとっていなければ、生徒はどちらも信用できなくなり、教育効果が高まらないからである。

## 4. 協働性を高める学校運営と意識的な関係づくり

　教員が多忙化すると連携活動も行いにくくなるが、さらにその教育活動が上からの命令だけで理解なく進められる場合には、管理職者から命ぜられることを形式的にこなすのみで、学校全体の活気が失われていく。むろん様々な提案を管理職がすることは必要であるが、その必要性が理解され共通の方

法が共有されることが不可欠である。

　学校の教職員の場合は、職階や年齢に関係なく、学級担任として担う職務はほとんど同じなので、官僚制や民間企業のようなヒエラルヒー（階層制度）のような命令体系はあまりなじまない。ある一定の教員の自主性を確保しながら、対等平等な人間関係の上に立ち、職員会議などでの自由な意見交換を進めながら、任務を分担・協力していくことが重要である。このことが優れた教育実践を推し進める基盤となる。

　このためには、職員会議が管理的な運営にならず、自由な発言ができるようにし、提案される原案も修正可能であるという雰囲気を創っておくことが重要である。また保護者からの要望や対応などが、教育活動の統一性を壊す場合が少なからずあるが、保護者を巻き込んだ学習活動や保護者対応の窓口の統一性を図ることが、長期的には学校の全体的な運営もスムーズに進めることができる。

　集団内の協働性を高め合う雰囲気づくりとして心がけることは、例えば以下のような点である。

**集団内で協働性を高める雰囲気づくりの心がけ**

|  |
|---|
| 1）協働することの重要性を呼びかける<br>2）協働するための具体的案を個別に提案してもらう<br>3）勇気づけて鼓舞する<br>4）個々人の前進した達成度を評価する<br>5）やるべきことを呼びかけ勧誘する<br>6）単なる命令ではなく信望で惹きつける<br>7）示唆してその人自身が決定するのを助ける<br>8）支配より誘導を心がける<br>9）相手に要望する前に自分自身の行為を告げる<br>10）意見が多様にある事項に関しては討議する<br>11）親しみある話し方をする<br>12）チームに責任を分割する |

　協働性を高めることは、教育活動・教育内容等で批判・助言を含めて言いたいことも自由に言えないということではない。むしろ建設的な批判・助言であれば、より良い合意形成と向上のために、不可欠の要素となる。単に形式的な議論でもなく、排他的攻撃的な批判でもなく、建設的な批判・助言を

することが相互に認められれば、個々の教師の技能・発想も広がっていく。

　一方他者への批判・助言は、自分自身への省察を前提にしたものであり、物事の原因を運や他者の責任など、自分以外のところだけに求めると、建設的な関係でなくなる。それだけでなく、自分自身も成長しようとする意欲が減退する。自分も省察しながら改善しようとすることで、他者への批判・助言も、言われた他者は真摯に受け止めて、そのことがまた協働性を高める条件となる。

## 5. 協働性を高める個々の成長と教師の研修

　集団的な協働性が高まるためには、個々の成長や意欲の向上も重要な条件となる。とりわけ若手教師の個々の自信と意欲を回復するには、単純な他の教師との優劣比較ではなく、自分で少しずつでも「やってみてできた」という過去より前進した経験と実感を繰り返していくことが重要である。そのため、すべての教師が省察と建設的な批判・助言によって全員が何らかの形で成長しているという実感が、さらに協働性を高めていく。

　若手教師においては、個々の教師が成長しているという実感は、自分自身でも実感できる場合もあるが、大部分は、他者から認められたり、向上部分を評価されたりすることで、実感する場合が多い。したがって個人的に研修を行うだけでなく、組織的に個々の教師及び構成員全体の質の向上を図っていくことが重要である。

　研修の形態は多様にあるが、最も普遍的に実施されているものは校内研修である。校内研修では、個々の教師が抱える具体的な子どもとの関係や、学級経営・授業づくりなどに関して、同僚教師の持つ指導方法・アイデア等を交流できれば、それぞれが高まることができる。

　研修会は、全員を対象とした校内研修会だけでなく、若手だけの研究会や学年・教科別研修会など、対象・教育課題に合わせて組織することもできる。また教育研修センターや学校間の研究組織など外の研修会に交代で出て行き、その成果を自分のものだけにするのではなく、受講した研修内容を報告する校内研修会を定期的に設けて議論することも必要である。大学院に進学する場合においても、大学院の学びを自分だけ保有するのではなく、進学の機会を配慮してもらいながら同時に校内の教員に学習成果を還元していくことが

重要である。各教師が読んだ本や他の学校の情報を入手して、それを元にして交流することもできる。このように、内部の交流と同時に、外部の情報を学校内に取り入れて交流していくことの両方が必要である。

　このような研修によって、相互の交流が深まり、その結果各教師の技能・発想が広がっていけば、協働性の有用性と協働意識はいっそう高まっていく。その前提としては、やはり形骸化しない研修会の雰囲気が重要で、相互に高め合う建設的な批判・助言ができることが重要な課題となる。そしてその基盤となるのは、日頃から子どもや教育活動のことを自由に語れる雰囲気が職場にあるかどうかが重要である。逆に意識的に自由に語れる雰囲気を職場内に創っていくことが、研修の活性化や個々の教師の成長を促す条件となる。これらの相互の研修・交流が目に見えない潜在力として学校の協働の雰囲気を創り、子どもたちにも協働性の良い雰囲気を創っていく。そしてこのことが学級経営の基盤を創っていくことになる。

第**14**章　教師による模範効果と子どもへの
学級期待効果を高める対応

玉井康之

## ポイントと対応課題

①教師は保護者との関係では、第一印象で判断する民間の接客応対の方
　法を学ぶことも重要である。
②教師は子どもとの関係では、言動一致の行動や子どもへの愛情などが、
　長期的な子どもの信頼感を惹きつける要素となる。
③子どもへのほめと叱りを使いこなすけじめが、子どもを惹きつける力
　となる。
④教師の期待によるピグマリオン効果を生かして子どもたちの内発的動
　機を高めることが重要である。
⑤集団の中で子どもの役割を相互に認め合うことが、役割貢献度感と居
　場所をつくり、集団的な活動力を高めていく。

## 1. 民間企業での惹きつける力と教師の惹きつける力の相違

### （1）民間企業での第一印象と惹きつける力

　人はしばしば第一印象に影響されるために、社会全体の風潮として、第一
印象が重視される。中でも民間企業では、客との関係で、初期的対応力が求
められる。一般的に経済界での客との関係では長い付き合いというよりも、
効率的に大量の顧客に対処することが重要である。そのため民間企業の対人
関係においては、第一印象を良くするために、応対の形式やマナーなど、社
会的な常識があると思われるような演出も大事になる。例えば電話で苦情や
問い合わせを受けたときの応対や、お客の来店時での応対である。これらの
第一印象はかなりその後も会社や社員の印象に影響するために、話し方や表
情など人間関係での見え方に細心の注意を払う。
　それに比して教師は電話応対や接客などの第一印象だけを良くすることは

ほとんど考えない。それは対応する相手が子どもであり、1）教える教師と教わる子どもの上下関係は最初からあること、2）そして長い付き合いの中で信頼関係が形成されるために、相対的に応対の形式を考える必要がなくなることによる。

　しかし近年では、様々な保護者との対応や地域住民との関係でTPO（Time 時・Place 場所・Occasion 場合）を踏まえた社会的な対応を求められることが多い。常識的な礼儀・マナーなど、形式的な対応と見られるものにおいても、教師が第一印象を悪くしないようにすることも重要になっている。したがって、保護者・地域住民などとの関係では、民間企業の接客対応の常識を知っておき、保護者が教師の応対態度などを見て教師を評価していることを意識しておくことも、教師の配慮の一つとなっている。教師の第一印象を良くするだけでも教師への信頼感を高め、模範効果を高めていく。このような保護者・地域住民への応対と子どもの指導のあり方は、時と場所と場合によって区別して使い分ければ良い。

## （2）長い関係の中で影響する教師の模範的な惹きつける力

　一方教師と子どもの関係は、担任を受け持つと1年間一緒にいるので、形式的な対応や一過性の対応だけではすぐ見破られる。子どもは、教師の考え方や言動一致の行動などの全体像を見て教師の人間性を判断するので、たとえ語らなくても一貫している行動の中に、教師の人間性や本音を読み取ってしまう。子どもは教師の一つ一つの授業等の失敗・成功だけを見て判断するのではなく、全体的な情熱や姿勢を見ている。したがって、子どもに対して寄せる愛情や、問題ある子どもの行動への一貫した姿勢などが、教師への信頼感をつくる重要な条件となる。

　子どもが教師を判断する人間的条件や信頼する行動としては次のような行動がある。

### 子どもが人間的教師を信頼する行動と内容

| 子どもが信頼する教師の行動 | 教師が人間的に信頼される行動の具体的内容と理由 |
| --- | --- |

| 1）弱者への傾聴性 | 元々子どもは弱者でもあるため、立場の弱い人にも耳を傾けられる姿勢に子どもは信頼感を寄せる。 |
|---|---|
| 2）多様な子どもへの許容性 | 人間的な相性を越えて、多様な子どもを受け入れる度量があると、子どもは信頼感を寄せる。 |
| 3）公平性 | 子どもへのえこひいきなく、集団的なバランスをとり、公平な態度をとれると、子どもは信頼感を寄せる。 |
| 4）問題行動への毅然とした指摘 | 悪いことには悪いとはっきり言えるかなど、主張と行動の一貫性があると、子どもは教師に信頼感を寄せる。 |
| 5）ほめと叱り | 叱るときとほめるときを両方区別し、明るく実施することで、子どもは叱る行為にも信頼感を寄せる。 |
| 6）陰ひなたのない行動 | 有言無言にかかわらず、陰ひなたなく教師が実行できていると、子どもは信頼感を寄せる。 |
| 7）親しみ性 | 教師は権威をもっているが、雑談を含めて親しみ感を持てると子どもは教師に近づきやすく信頼感を寄せる。 |

※図表は筆者作成。以下同様。

　教師はその職業自体の特性が師範としての模範性を持っている。子どもは教師の姿勢・態度・行動も見ており、姿勢・態度・行動は教師の信頼感を高める上での判断材料となる。そのため、短期間の接客的な演出というよりは、長い期間の中で見られる教師の姿勢・態度・行動が評価されてしまう。

## 2. 教師の学級経営に向かう模範的姿勢と指導力

### （1）意欲・情熱的行動が見られる教師の模範的姿勢と指導力

　一般的に古くから指導力の基本として指摘されるのは、「専制型」「民主型」「放任型」のタイプ別の指導力であったり、PM 理論（Performance「目標達成能力」と Maintenance「集団維持能力」）などでいう集団の課題達成機能と集団の結束維持機能の兼ね合いであることが指摘されている。時と場合によっては、リーダーは、困難を突破するために、調和よりも計画の遂行力などを問題にする場合が多い。これらの一般的指導力は、組織を動かす人間関係と計画づくりの内容とのバランスが重要になる。

　ただ教師の場合は、子どもも指導されることを前提として教師を受け入れており、教師は指導すること自体が職務の目的となる。そのため子どもへの

教師の指導力は、形式的に指導しているだけでは見抜かれ、教師が意欲的に子どもたちとの良好な関係をつくろうとしているかどうかで指導力を見ている。若い先生で経験や知識・技能が少なくとも、子どもが評価する先生とは、親しみ感があり、意欲的に指導していることが評価されている先生である。教師の子どもへの指導が親近感を持って受け止められるためは、授業内外において、次のようなことを心がける必要がある。

**教師の指導に子どもが親近感を感じる観点と具体的な内容**

| 教師の指導に子どもが親近感を感じる観点 | 親近感を感じるための具体的行動の内容と教員効果 |
| --- | --- |
| 1）アドバイス頻度の多さ | 気づいた時点でアドバイスしていると、支えてもらっているという安心感が高まる。 |
| 2）気づいた時点での注意・叱りと留意点 | 気づいたら注意することを最初に宣言しておくと、言われる方は気が楽になり、受け入れられやすい。 |
| 3）日常的コミュニケーションの頻度の多さ | 日常的コミュニケーションを取ろうとする教師は、自分を理解してくれているという評価につながる。 |
| 4）学級活動の意義と良さを一貫して語ること | 学校活動・学級活動の良さや目指すべき夢を語る教師は、子どもたちの自信・誇りや目標を高めていく。 |
| 5）授業や学級経営等で見せる新しい工夫 | 新しいことや工夫を取り入れたり、提案することでその教師の前向きな意欲が見えてくる。 |

　1902年の「八甲田雪中行軍遭難事件」では、吹雪の極限状態の中での行軍訓練で、遭難した一つの部隊の指揮官は、「天は我を見放した」との諦めの言を部下に発し、意欲をなくした部下の凍死者が続出したとされている。もう一方の部隊の指揮官は、「全員生きて帰る」希望の言を部下に発し、統制力を発揮し隊員を鼓舞して全員生還した。この差の条件は、雪中知識やビバークなどの条件差があるが、心理的には指揮官の意欲も影響したとされている（新田次郎著『八甲田山死の彷徨』新潮文庫、1978年、を元に映画化されている）。

　このように一般的に指揮官の意欲と姿勢が部下に影響してくるが、これを教室に例えると、教室における指揮官は担任の教師であり、教師の意欲・姿勢等が子どもたちにも模倣学習として影響する。何となく明るく子どもを鼓

舞して勇気づける教師の下では、何となく子どもたちは明るく自分自身を鼓舞していく雰囲気になっていく。すなわち単に行動の結果だけでなく、どのような意欲・姿勢を持ってそれを推進しているかの教師の方向性が問われている。

## （2）ほめ・叱りのバランスと両刀遣い

　ほめることと叱ることの区別は難しいが、これをTPO（時と場所と場合）によって、使い分けることが指導力の一つとして重要になる。子どももほめられてうれしいので、教師が子どもをほめることによって子どもは伸びる。しかし子どもは人間関係の中で間違いも犯すし、分かっていてもすべて正しく行動できるわけでもないため、間違いを正していくことも重要である。また子どもは、ほめ続けるだけでは、自身の反省と成長の条件を見失い、前向きな改善意欲を失っていく場合も少なくない。そのため基本的には子どもをほめて伸ばしながらも、時と場合によっては、厳しく叱ることが求められる。

　しかし教師も性格の特性もあるので、ほめか叱りのどちらかに偏る傾向があり、意識して、ほめることと叱ることを使い分けて、瞬時にどちらもできるように心がけておく必要がある。

　ほめることと叱ることも、その表情と雰囲気が効果的なものになるためには、以下のような留意点が重要である。

### ほめと叱りの方法の留意点

| ほめ・叱りの場合の留意点 | 具体的内容と教育効果 |
|---|---|
| １）小さいことでも評価する | 大人から見ると当たり前に見えることが多く、細部まで観察しないと評価することが見えてこない。 |
| ２）気持ちを込めて心からほめる | おだてたように見えると逆効果でもあるため、感心した気持ちを込めてほめる |
| ３）表情と雰囲気などを演出する | ほめるときはにこやかな表情をしたり、叱るときは毅然とする等の演出も、効果を高める上で重要である。 |
| ４）行動のみを対象にし、先入観を取り払う | 個々の行動をほめたり叱ったりするのであって、先入観があると、適宜にほめたり叱ったりできなくなる。 |

| 5）理由が分かるように伝える | ほめる場合も叱る場合も、一言理由が分かるように付け加えると、子どもに受け止められやすい。 |
|---|---|
| 6）失敗の中でも過程をほめる | 失敗したときでも、改善の兆しや理由が自分で考えられている場合は、失敗した中にもほめることができる。 |
| 7）改善のプロセスをアドバイスする | 失敗した理由や改善の方向性をアドバイスすると、子どもは自ら次に向けて改善しようとする。 |
| 8）アドバイス後に自ら選択する機会を作る | 最後は単なる指示命令ではなく、アドバイスした後に自分で考えて選択してもらうことが重要である。 |

　このように通常はほめて伸ばしながらも、ほめと叱りの両方を使い分けて指導するとともに、ほめ方・叱り方の技能と演出も留意しておく必要がある。その上で内発的に改善・成長していこうとする気持ちを育てていくことが重要である。

## 3. ピグマリオン効果と役割貢献度感による学級経営効果

### （1）教師の期待によるピグマリオン効果と内発的意欲

　ピグマリオンとは、元々はギリシャ神話に出てくるピグマリオン王の伝説で、ピグマリオンが、女性の彫像に願いをかけて人間になることを期待すると、その彫像が本物の人間になったという伝説から由来した言葉である。

　このピグマリオン伝説を教育の場で教訓化したものがピグマリオン効果である。期待された子どもや人は、期待された良い方向に変化していく。すなわち心理的効果として、教師が子どもに期待を投げかけることによって、子どもは期待に応えようとし、学習や行動が改善に向けて意欲的になるというものである。したがって、子どもたちに言葉で、明確に期待を投げかけていくことによって、子どもたちは自ら伸びようとする内発的な動機が生まれていく。

　このピグマリオン効果を生かして、教師が「こんな学級をつくりたい」「こんな人間になって欲しい」「こんな集団関係をつくりたい」という期待感を子どもたちに投げかけたり、個々人の良さを引き出して期待をかけていくことが重要である。また失敗したり間違った行動に対しても、「本来ならこのようにできるのではないか」という期待感で、失敗の反省と改善点を示す

 こともできる。

　このような教師の期待感によって、子どもたちもその期待に応えて自ら伸びようとする。このような教師期待効果としてのピグマリオン効果を教師が意識しておくことで、子どもたちは学習活動や学級活動や人間関係づくりを意識して取組み学級を改善しようとする。

## （2）役割貢献度感による集団的な向上と学級づくり

　人間は集団の中で認められることが、集団への帰属意識や意欲を高めていく。そのため、個々の子どもに対して、役割の意義と役割分担を相互に理解してもらいながら、「あなたがいないとうまくいかない」「あなたはなくてはならない存在だ」という相互の役割を確かめ合うことが重要である。それによって、集団の中での必要性と役割貢献度感が高まり、集団的な機能と力を発揮していく。

　このためには、自らが期待されているという価値観とお互いの存在を認め合うという価値観が重要である。すなわち排除と低め合う批判ではなく、誘い合って切磋琢磨する雰囲気を大事にしていくことが重要である。教師は集団的な関係を高め合うためには、具体的に「誘い合う」「一緒にやる」「助け合う」「指示し合う」ことの重要性を伝えていかなければならない。

　子どもは、一時は強制的に誘われたり、指示されたりすることがあっても、結果的には、誘い合うことなどで子どもが集団の中での存在感や役割貢献度感を高めていく条件となっていく。子どもは、集団の中で必要とされることによって、自らの居場所と役割貢献度感を高め、自ら社会的な行動力や意欲を高めていく。

　一方これに対して、単純な競争主義は、「あいつがいなければいい」という排他性を高めていく。それによって結果的には一部の者以外は、全体的に意欲が下がっていく。したがって個々人の格差をある程度認めながら、全体として役割を高めていこうという集団的な高め合う競争を常に投げかけていかなければ、低め合う競争主義に陥ってしまう。学級の中では、"One for all, all for one"の精神を常に投げかけることによって、集団的な役割貢献度感も高め、集団的な活動力・生産力も高まっていく。

# 第15章　保護者・子どもとの情報交換と協働関係づくりの対応

川前あゆみ

**ポイントと対応課題**

①一定の情報を統一的に提供する上で、学級通信は重要な媒介となる。

②学級通信は、日常的な子どもの情報を共有することで、学級づくり・集団づくりの基礎条件となる。

③学級通信は、教師からの一方的なものではなく、保護者・子どもとの相互の信頼関係を築くためにある。例えば、保護者・子どもからのフィードバック欄等を通信に入れることもできる。

④学級通信は、教師の教育観や人柄が出るような内容にするなど、親しみ感が出る内容が望ましい。

⑤学級通信を発行する上での抵抗感もあるが、それを乗り越えていく姿勢も必要である。

## 1. 学校と保護者との情報交換の必要性と協働関係づくりの基盤

　保護者に子ども・学級の様子が伝わることは、保護者から見た教師への親近感も高まり、学級経営を支える基盤となる。保護者は、常に自分の子どもが学校で何を習っているか、どんな学校生活を送っているか知りたがっている。そして子どもが楽しく学校生活を送れていることを確認することが、学校を応援する重要な条件となる。学校の情報がある程度定期的に保護者に入っていれば、学校や教師に対する親近感を持つことができる。また常に保護者に情報が入っていれば、一過性の評価ではなく長い教育活動の脈絡の中で、教育活動を評価することができ、そして教育活動には多様な方法があることも理解できる。

　一方、学校・教師の情報があまり入っていない場合には、何か問題があったときや子どもの不満がある場合には、教育活動の全体の流れを見ずにその

箇所だけを見て、学校・教師を批判したりすることになりかねない。逆に保護者が学校での教育活動の内容・意図を理解している場合には、たとえ子どもが不満を持ったとしても、それを乗り越えるように保護者が子どもをなだめたりする場合も少なくない。

　この学校や子どもの状況を保護者にも伝える上で、統一的・定期的に提供できる方法の一つとして学級通信がある。学級通信の定式はないが、行事・持ち物や家庭での指導事項など、必要に応じて連絡事項、子ども・学級の自慢、子どもの活動等を紹介したり、ワンポイントアドバイス等の情報を伝えることで、学校教育に関する保護者の理解を得ることができる。同時に学校の情報を伝えながら、保護者からの意見・提案や子どもの状況を返信してもらうことで、子どもや保護者の普段の状況を把握することができ、教師の子ども理解が深まったりする。

## 2. 学級通信の定期的発行の意義と保護者との協働関係づくりの基盤

　教育活動は、直接的な指導や学級通信のような情報伝達などを含めて、多様な方法がある。そのため、学級通信だけを多く出せばいいというものではないが、他の教育活動とのバランスを考えながら、適宜定期的な発行を心がけることが望ましい。

　学級通信づくりは、教師の日常的な学級づくりの一環としてとらえることが重要であり、先生と子どもたち、及び学級と保護者たちをつなぐ集団づくりの基礎条件となる。学級の人間関係が深まるためにも、相互に知り合うことが重要で、保護者・子どもに学級・学校の様子を伝え、双方向の情報交換を図ることが重要である。ある一定以上の児童生徒数になると、教師の意図を個別に伝えることは困難となり、子ども同士及び保護者間の共通認識を図る上で学級通信は重要な手段となる。

　同じ通信の中でも、教師が発行するものと、子どもたちを含めて作成するものは区別しておく必要がある。一般的に学級通信は、教師から保護者・児童・生徒への通信で、教師が編集執筆者である。

　一方学級新聞（壁新聞を含む）と称される通信は、教師が助言しつつも子どもたち自身によって、子どもたちの情報交流・文化活動の一環として作成

される場合が多い。学級新聞は、子どもたちの自主性を尊重し、自主的に取材し文章をつくることに意義がある。したがって学級新聞づくりは、学級内での子どもたちのニュースや娯楽や調査・発見したものなどが多くなる傾向にある。

　作成主体者は異なるが、学級通信も学級新聞もいずれも学級経営や生活指導の一環として用いられる。

　学級通信発行の意義は、おおむね以下の表の通りである。

**学級通信発行の意義と内容**

| 学級通信発行の意義 | 意義の具体的内容と役割 |
| --- | --- |
| 1）学級内の情報開示と伝達 | 保護者は学校内・学級内のことを知りたがる。学級通信は、保護者に、学校・学級の情報及び課題を開示する役割を持つ。 |
| 2）教師の学級経営理念の開示と伝達 | 学級通信を通じて、児童・生徒や保護者に、教師の学級経営理念・学習指導の意図や方法を伝えることが、安定的な学級運営を進める条件となる。 |
| 3）保護者とのコミュニケーションと信頼関係の形成 | 教育活動を家庭・学校の連携で進めるために、保護者との信頼関係を形成するためにも双方向のコミュニケーションが重要である。学級通信は、保護者とのコミュケーションの媒介となる。 |
| 4）子どもの活動への励まし | 学級通信を通じて、子どもの諸活動への励ましを行い、それを通じて、目指すべき教育活動の目標を子どもたちに意識させることである。 |
| 5）保護者間の交流と連携 | 学級通信は、子どもの共通問題や学級全体の支援活動を通じて、保護者同士を結びつける役割を持つ。共通の情報と活動に誘い合うことで、交流が深まっていく。 |
| 6）家庭教育情報の提供と家庭教育力の向上 | 子どもの生活習慣のゆがみや非行問題などは、学校だけでなく家庭・地域と連携する必要がある。家庭教育情報と子どもに関する認識を共有するために学級通信は有効である。 |
| 7）保護者間の意見の相対化 | 保護者の様々な意見を紹介することで、保護者自身も自分の意見を相対化できる。保護者はえてして「自分の子どもだけ」という意識を持ちやすく、他の意見は考えないからである。 |

※図表は筆者作成。以下同様。

　まず通信の内容作成にあたっての留意事項は、主に誰を対象にするかである。通信発行の対象で明確にしなければならないのは、子ども向けなのか保護者向けなのかによって、文章の書き方がまったく異なる。対象をある程度明確にして、書く内容を使い分けることが重要である。

　実際に学級通信を配布してみると、同じ保護者や子どもの中でも、書き方・内容によって大事な点や気遣う点が異なり、そのことを意識しながら執筆内容や書き方を焦点化していくようになる。学級通信をつくることは、教師が子どもと保護者を意識しながら、自分の教育方針や指導方法を見直す具体的な活動でもある。学級通信を書きながら、自分の教育活動をふり返り、未来の教育活動と学級のイメージを拡張していくことが重要である。

　学級通信を継続的に発行している教師は、「子どもの様子が子ども相互に伝わることが大切だ」「子どもや学校内の様子を保護者に伝えることで、家庭と学校との連携ができた」「保護者間のコミュニケーションのきっかけになった」など、家庭と子どもと教師を結びつける結節点としての役割の重要性を考えるようになっている。

## 3. 学級通信の定期的・継続的発行のための留意事項

　学級通信は、年間を通じた学級づくりの一環であるため、定期的・継続的発行が望ましい。継続的・連続的な発行が困難であると感じる教師の多くは、一つの学級通信で、かなりあらゆる内容を盛り込もうとしたり、完璧な内容を目指そうとすることに起因する場合が多い。このような場合には、学級通信の一回の発行は、通信内容を焦点化して端的な内容に留め、こまめに発行することが継続的に発行できる条件となる。

　定期的・継続的発行のためには、以下の点に留意しておくことが重要になる。

**定期的・継続的発行のための留意事項**

| 定期的・継続的発行のための基本的な留意事項 | 留意事項の具体的な内容と理由 |
|---|---|
| | |

| 1）定期的発行の心がけ | 定期的な発行によって、基本的な学校の様子が定期的に伝わると、保護者はさらに定期的な発行を期待して待ってくれる。 |
|---|---|
| 2）学級の全子どもの紙面への登場 | 順番に個々の子どもの様子が紙面に登場すると、保護者にとっては親しみやすい。自分の子どもが載っていると、学級通信の発行を応援してくれやすい。 |
| 3）保護者からの返信欄を設けたフィードバック | 返信欄による保護者からのフィードバックがあると、日常的に意見やアイデアや困ったことを教師に提案してくれやすい。保護者とのフィードバックは、次の教育活動を考えるヒントになる。 |
| 4）子どもの良いことを発見して、良いことを中心に書く心がけ | 基本的に、子どもの良いことを書く。子どもの悪い面だけを書いたり、競争をあおったりせず、良い面を伸ばして広めていくという発想で内容を構成する。子どもの良いことを書くと、書きやすく、読まれやすいので長続きする。 |
| 5）行事等に合わせた適宜の発行 | 行事・活動の感想報告など、適宜に出す必要がある記事は、行事の直後に出すなど、臨時通信などを発行して、時機を逸しないことが、通信への発行期待を高める。 |

## 4. 学級通信に入れる項目・内容例と教師への親しみ感

　学級通信に入れる内容は定式があるわけではないが、連絡事項だけを入れても、楽しみに読まれなくなる。連絡事項だけであれば、連絡文書による通知でもそれは可能である。学級通信の中に、担任教師の教育観や人柄が出るような内容を入れ込む方が、学級通信に親しみ感が出る。それにより、学級担任の活動を理解して、保護者が子どもにも学校で指示していることを支援してくれるようになる。

　学級通信名称も、親しみやすいものが良い。1年間を通じて同じ通信名称を使うので、自分が大事にしている教育観や信念が表れる通信名称にすると、担任教師が目指すものも理解されやすい。

　個々の記事のタイトルについては、主張点が明確になるタイトルをつけると、文章を読み始める動機が高まり、読み進めやすい。あまり大きなタイトルだけで、具体的な内容がないと説得力が乏しくなるが、逆に文章内容が多い場合には、小見出しをつけていくと、全体の流れをつかみやすい。

　教育活動の様子や子どもの様子を目に見える形にするためには、子どもの

活動写真や活動場所の掲載も、イメージが湧き、親しみやすさが増してくる。

　親しみ感が出るような学級通信の内容例は以下の通りである。

**親しみ感が出る学級通信内容例**

| （1）学級経営方針・教育活動内容に関して |
|---|
| 1）学級経営方針と担任教師の抱負<br>2）学級運営の具体的ルールと理由<br>3）行事・教育活動に向けた教師の抱負・反省<br>4）担任としての教科・授業に関する指導方法と理由 |
| （2）学級内の子どもの様子に関して |
| 1）学級内の全体的な様子と良い雰囲気<br>2）子どもの活躍度<br>3）児童・生徒の声や感想<br>4）学級内で起こったエピソード<br>5）学級内の教育活動や行事に関する子どもの様子<br>6）あらゆる側面でのガンバリ者の公表<br>　（単なる競争主義にならない多面的な評価） |
| （3）保護者との連携に関して |
| 1）現代の子どもの一般的な現象<br>2）現代の子どもの生活指導課題<br>3）保護者も見えないSNS等の使用実態と指導内容<br>4）学級内の子どもの生活に関する様子と指導内容<br>5）保護者の意見・要望事項や教育活動に対する感想<br>6）保護者へのあらゆる場面の協力要請<br>7）子育てや家庭教育のワンポイントアドバイス<br>8）保護者間のネットワークの対応と必要性 |

　これらの内容や書き方に定式があるわけではない。重要なことは、学校・学級や児童の様子などを分かりやすくそして読み手が元気になるように伝えるということである。

## 5. 学級通信発行を妨げる理由の克服と学級経営の基盤づくり

　一方、学級通信の発行を妨げる要因もある。学級通信は、担任教師によって任されているため、それぞれの担任教師によって発行回数も異なってくる。発行回数が多いほど良いということはないが、あまり出そうとしない姿勢も、

情報が伝わらず、子ども・保護者と教師の関係を疎遠にしてしまう可能性がある。

　学級通信の発行を妨げる理由には、以下のような点がある。

**学級通信の定期的・継続的発行を妨げる理由**

| 学級通信の継続発行を妨げる理由 | 定期的・継続的発行を妨げる具体的な状況 |
|---|---|
| 1）発行のための労力過多 | 学級通信にあまりにも長時間と神経を使い、教師自身が労力過多になってしまう。 |
| 2）業務内容外の意識 | 学級通信は、直接の学級運営の業務に入っていないと考えてやりたがらない。 |
| 3）定型意識 | 通信に定型があると思って、ある定型に入る場合のみ発行し、自由に書けない。 |
| 4）保護者の通信批評からの回避 | 保護者に教育内容や指導方針など、学級通信内容を批評されたくないという防御意識が強い。 |
| 5）保護者の教師間比較からの回避 | 保護者間での教師の教育活動の違いを比較するうわさが出るのを避ける。 |
| 6）教師間の発行回数等の格差 | 教師間の発行量や発行内容の差を埋めるため、教師が相互に低位に標準を合わせてしまう。 |
| 7）子どもの負の対応 | 学級通信を読まない児童生徒や学校から持ち帰らない子どもの姿勢に困惑する。 |

　これらの傾向は、教師が学級通信を発行する上での障害である。これら様々な学級通信を妨げる要素があることを知った上で、あえて学級通信を出していく姿勢と具体的な書く内容を探していくことが求められる。そのことが結果として、長期的な教師への信頼感を高めていく基礎的条件となる。これら教師の伝える姿勢と情報の共有化は学級経営の基盤となる。

# 終章　人間関係の希薄化と学級経営の基盤を創る必要性

—— 玉井康之

## ポイントと対応課題

①教育問題の背景には、子どもの人間関係の希薄化があること、それを長期的に改善する学級経営を意識しておくことが、学級経営にとって長期的に大事である。

②学級経営は即効的にできあがるものではなく、人間関係づくりを少しずつ進めていくことが、学級経営の基盤となる。

③いじめ問題等は見て見ぬふりをせずに、教師が徹底した対応の姿勢を示すことが、子どもが教師についていく条件になる。

④常に明るい学級環境の雰囲気を創ろうとすることが、学級経営の基盤となる。

⑤子どもの問題は潜在化する傾向にあるが、表面上は見えない子どもの潜在的な意識をとらえようとする教師の姿勢が学級経営の基盤となることを認識しておく。

⑥子どもの生活の中で対人的な関係や集団的な遊びが減少していることを意識し、それを意識的に取り戻す機会と生活環境づくりが学級経営の基盤となる。

⑦教師の協働性を見せると、子どもも模倣的にそれを学習し、子どもも協働的な人間関係をつくろうとすることが学級経営の基盤となる。

⑧人間関係をつくろうとする子どもたちが少しずつ増えていくと、その子どもたちが周りを包み込むために、ある程度学級内において人間関係を意識的につくろうとする雰囲気が高まっていく。

⑨人間関係づくりは、本来時間がかかるものなので、教師が焦らないことが重要である。焦りが子どもにも見えてしまうと、かえって教師の意図が浸透しなくなることも留意する必要がある。

# 1. 人間関係の希薄化と学級経営の基盤

## （1）社会的な教育問題の背景としての人間関係の希薄化の問題

　現代の教育界では、いじめ・学級崩壊・不登校・精神不安・孤立化・弱者攻撃・逸脱行為など様々な問題が取り上げられている。これらの現象はそれぞれ異なり、また具体的な対応方法及び直接的な原因もそれぞれ異なる。しかし、その根本的な所以をとらえると、人間不信・非人間関係・非協力・反社会性など、子どもたちの人間関係の希薄化ともつれが、それぞれの現象を引き起こしている。すなわち一つ一つの子どもの問題状況も底流では、人間関係が希薄化していること、対人関係のもつれをうまく解決できなかったこと、意見の対立を調和するコミュニケーションがとれなかったことなどが、あらゆる子どもの問題を引き起こしていく。

　社会全体は、今後も便利になり、コンピュータ・コミュニケーションツール・ゲームの普及などによって、ますます直接的な人間関係が失われる方向にある。したがって人間関係が希薄化する中では、意識的に人間関係をつくる啓発・会話・協同的活動をつくる必要がある。

　人間関係が希薄化すれば、人間関係のもめ事が生じもめ事を仲裁する人もいなくなる。また人間関係が希薄化すれば、個々の子どもの精神的な不安・不信感や内面的な葛藤も大きくなる。そして人間関係が希薄になれば、その不安や不満は学級の子どもの行動の荒れを引き起こしたり、匿名性も高くなり、問題行動も起こしやすくなる。そして不満の矛先が教師に向けられたりする。このような人間関係の希薄化は、あらゆる教育問題を引き起こす基底的な要因となる。すなわち教育問題は社会全体が大きく変化する中で起きている問題であり、一つ一つの教育問題や現象にそれぞれ対応するだけでは根本的には解決しない。

## （2）人間関係の希薄化と学級経営の基盤を広くとらえる視点

　このように様々な教育の問題の背景に、希薄な人間関係があるとしたら、解決にもかなりの時間を要する。学校現場では即座に対応することが求められ、また世間一般ではすぐに解決できるものと考えている側面もある。しかし現代の教育問題は、決して教師や学校が対応策をとればすぐさま解決でき

るものばかりではなく、巨大な社会変化と人間関係の変化の背後的な要因の中で生じているものである。

　このことは、直接的な解決策を諦めているわけでもなく、また教師の日々の努力と対応方法が相当な解決策をもたらしてきたことを否定するものでもない。むしろ多くの教師・学校が社会の大きな変化にあらがって対応することで教育問題が最小限に抑えられているのが現実である。この教師・学校の精力的な努力によって問題が抑えられていることは、一般の世間にも理解してもらわなければならない。本来的には、担任教師の対応によってすべて解決できるととらえるのは、教師にすべての責任を転嫁してしまう狭隘な現状認識となってしまう。

　このように社会全体と子どもの人間関係が希薄化している中では、子ども同士の人間関係をつくり高め合う学級経営を進めるのも時間がかかる。したがってあらゆる活動や環境づくりを駆使しながら、時間をかけて子どもの価値観と雰囲気を変えながら、様々な教育課題を解決していくことが重要である。

　以上のような観点から本書では学級経営とその基盤を広くとらえている。一般的に学級経営というと、学級指導や学級活動などの学級の中で取り組む指導として、限定的にとらえられることが多い。また学級経営は直接教師だけが対応するものととらえられることが多い。本書では、人間関係の希薄化が根本的な問題ととらえているために、直接的な学級活動の指導だけでなく、学級経営を支える様々な雰囲気づくり・環境づくり・潜在的な子どもの心の把握等を含めてとらえている。また生活活動・体験活動や教師の協働の模範的影響、保護者との連携も含めて、学級経営を支える基盤ととらえている。

　これらは直裁的な対応でないので非常に遠回りで煩わしいものととらえられるかもしれない。しかし、根本的な対応を含めて対応していく発想がなければ、逆に教師の直裁的な対応だけを求め効果の責任を直裁的な教師の学級経営指導力だけに追い求めてしまうことになる。むしろ解決方法も、根本的な人間関係づくりの様々な条件をとらえながら、人間関係づくりの対応には時間がかかるものとしてとらえておく必要がある。

　学級経営の様々な問題が人間関係に起因しているとしたら、家庭・地域の問題も別々のものではなく、人間関係の希薄化を食い止める様々な集団遊び

や体験活動を提供しなければならない。それでも人間関係の希薄化は完全になくすことはできないが、長期的・意識的に子どもたちの人間関係づくりを取り戻していく学級経営の基盤づくりの取り組みが不可欠であろう。

## 2. 学級経営の背後にある生活環境と学級内人間関係の影響

### （1）人間関係の希薄化の背後にある子どもの生活環境

　既述の通り、教師は直接学級経営を行っているので、子ども・学級・学校の問題は教師の力量や学校だけの責任に帰する傾向が強い。ここではまずあえてそれを否定しておきたい。学校の教師の指導力が低下したというよりも、子どもの社会的関係力が低下したことが、学級内の様々な問題を引き起こすととらえておくことが重要である。子どもの人間関係がうまくつくれないという問題も、子どもを取り巻く生活環境や社会的背景がそうさせていることも理解しておかなければならない。

　教師自身が自分の責任として、子どもの人間関係をうまくつくろうとすることは不可欠な教育活動であるが、そのことだけを強く意識してしまうと、自責の念にかられて、精神的に苦しくなる。それがまた子どもたちの雰囲気に悪い方に影響していく。子どもの人間関係づくりは、元々短期的にできず、生活の中で長期的な影響を受けてつくられる。

　子どもの生活環境・生活様式の変化と人間関係の希薄化に与える教育的な影響は次の点である。

**子どもの生活環境変化と人間関係に与える教育的な影響**

| 子どもの生活環境と生活様式の変化 | 具体的な環境変化と子どもの社会関係・人間関係等への教育的影響 |
|---|---|
| 1）核家族・少子化の進行 | 家庭の中での最初の子ども間関係の機会が減少し、過保護・過干渉の家庭教育も進行 |
| 2）地域遊び集団の減少 | 子ども同士が地域の中で、異年齢の子や異質な子どもを含めて集団的に遊ぶ機会が減少 |
| 3）身体活動機会の減少による忍耐力の低下 | 身体を使わない室内の静的な遊びが多く、体力の低下と共に、忍耐力・持続力が低下 |
| 4）創造的・生命尊重的な自然体験の減少 | 既製玩具で遊ぶ傾向が強く、自然物を創造的につくり変えたり、生命に触れて生命を尊重する機会が減少 |

| 5）地域行事・地域社会活動等の減少 | 地域子ども会・廃品回収・共同作業等の行事が減り、地域社会集団や大人集団を意識する機会が減少 |
|---|---|
| 6）家事労働・生活体験等の減少 | 家事労働が減少して、生活能力や役割分担の責任感を向上させる機会が減少 |

※図表は筆者作成。以下同様。

　このような家庭生活・地域生活の形態が変化し、子どもの人間関係をつくる機会が大幅に減少したことが、子どもの社会関係・人間関係にも影響している。子どもたちは、自然の中での多様な遊びの中で、けんかもするが楽しく遊ぶ中で共同することも学ぶ。その中で人間の多面的な側面を無意識にとらえてきた。しかしこれらの生活の環境はすでに崩壊している。
　一方同じものを学び到達度の差が明確に出やすい学校教育の中では、学力・受験競争をはじめ、どうしても序列的・排他的な関係も生まれざるを得ない。この見えない社会的影響を意識しておかないと、学級の中で自然に序列的・排他的な関係が生じてくる。学級・学校の中では最低限の同質性を目標にするとともに、多様性・異質性も強調して、多様性・異質性を相互に補い合う協働関係を意識的につくる機会を設定しておかなければならない。

### （2）学級内の集団向上現象・集団低下現象と人間関係づくりの機会の設定

　この様に多様性や異質性の中で人間関係を学ぶ機会が少なくなり、その社会的な環境の影響を受けて、学級内でも多様な子どもとの人間関係がうまくつくれない子どもが増えた。
　その子どもに全般的に見られる現象は次の5点である。

**人間関係がつくれない子どもたちの現象**

1）自分の欲求に対しても他人に対しても我慢ができない
2）伝えたいことがうまく表現できず相手に伝えられない
3）他人の意見に傾聴することができない
4）けんかもしないが、皮相的な人間関係を繕う
5）趣味・興味・意見などが同じタイプの人しかつきあわない
6）自分の努力・責任で解決するよりも、運や他人の責任にしがち

　多様性や異質性の中での人間関係は、様々な人との距離感を予測しながら

ある程度経験の中で身についていく側面が強く、人間関係のスキルだけを暗記しても、人間関係をうまくつくることはできない。この多様な人間関係の経験不足がさらにまた学級内の集団的な人間関係の対立やもつれを生み出し、学級内の居心地と雰囲気が悪い集団となる。

　ある程度人間関係がつくれる人が学級内に多数を占めてくると、調整していくことが普通になり、人間関係をつくれない人を包み込んでいく。逆に人間関係をつくれない人が多くなると、人間関係をつくらないことが普通になり、協力関係をつくらない雰囲気を醸し出していく。そして最終的には、いじめ・学級崩壊・不登校・逸脱行為などの排他的・攻撃的な現象が増えていく。

　このように考えると、多様性の中で異なると思う人との人間関係を意識的につくろうとする子どもを多数育てるまでは、学級の実態の変化は遅々とした状態であるが、ある程度人間関係を調整できる子どもが増えてくると、学級集団のまとまりは急速に変化していく。このため早い段階から長い時間をかけながら、徐々に意識的に多様性・異質性の中での人間関係をつくる啓発・活動を継続的に設定することが重要になる。

## （3）ノンバーバルコミュニケーション力の低下と潜在化する子どもの人間関係

　現代の子どもは、子ども同士の人間関係のもつれも、表面に見えにくくなった。その要因は、ギャングエイジ期の発達段階での直接コミュニケーションの機会も少なくなると同時にノンハーバルコミュニケーション力も低下したことも要因の一つである。ノーバーバルコミュニケーションは、態度・表情も含めて心情を察することができるために、誤解や対立も融和しやすく、感情的な対立も抑えられる。認識・感情が短期間で変わりやすく、怒り・悲しみ等のマイナスの感情も比較的プラスに転換しやすいギャングエイジ期において、多様な人間とのコミュニケーションの失敗と調整の経験が不足すると、関係を調整・修復することが怖くなったりめんどうになる。そのため、対立・誤解を恐れて人間関係がいっそう皮相的になる。

　失敗を恐れることからくる精神的な抑圧は、より弱い方にその矛先が向けられる傾向もあり、見えない対立へと形を変える。いじめ形態も、SNS等による無視・陰口・仲間はずしなどの水面下で展開するものに変わり、さら

にネットチェーンメールやさらしサイトのように、直接触れることなく、ネット上の匿名で潜在化・陰湿化する傾向にある。いじめの一方で不登校や長期引きこもりも急速に増え、前兆傾向や理由が見えにくいまま姿を消す現象も増えてくる。子どもたちの現象の背景には、目に見えない社会の序列格差・欲求不満・ねたみ等の心理的圧迫感が、さらに圧迫感を表現できないまま、精神的ストレスや葛藤を拡大していくことにもよる。これらが異質な者や弱者に対する仮想敵を作っていく。

このように社会環境の変化の中で、子どもの問題は、より弱者に対して、より潜在化する傾向が強くなった。子どもの問題は、現象が見えにくく潜在化している点を、教師だけでなく、保護者にも理解してもらうことが重要になる。

## 3. 学級経営の基盤をとらえる教師の広い観点と本書の構成

様々な教育の問題が絶え間なく起きている中で、教師として今後考えるべき点は、幅広い学級経営の基盤をとらえる観点である。これらは即効的な学級経営スキルではないが、冷静に子供たちの状況をとらえるための長期的かつ社会全体的な観点である。長期的かつ社会全体で考えることが、教師の精神的な安定や働き方改革の条件にもなる。

学級経営の基盤としての人間関係づくりを広くとらえる観点は以下の点である。

第一に、教師が見える子どもの行動の基盤として、表面的には問題がないように見えても、子どもの希薄な人間関係が社会全体で潜在的に進行していることを学級経営の背後の基盤的な問題として認識しておく必要があるという点である。

第二に、希薄な人間関係の背後には、子どもの生活のつまずき体験の不足があるという点である。そのために、意識的に人間関係づくりの体験を長期的・短期的に促すことが必要だという点である

第三に、人間関係づくりは時間がかかることを踏まえて、長期間をかけて意識的に人間関係を育むことの重要性を子どもに投げかけていくことが必要だということである。時間がかかることを認識しておかないと、教師の焦りが子どもたちに伝わって、かえって教師の意図が浸透していかないからであ

る。同時に子どもたちには長期間をかけて、異質な子どもとの人間関係づくりを訴え続けていく必要がある。

　このような子どもの潜在的な人間関係を前提にすると、学級経営の基盤も広くとらえることができる。本書では学級経営の基盤として【Ⅰ　学級崩壊の兆候と要因を取り除く】【Ⅱ　明るい学級環境の雰囲気を創る】【Ⅲ　潜在的な子どもの心をとらえる】【Ⅳ　生活集団活動を通じて社会関係力を高める】【Ⅴ　教師の協働的な関係力を見せる】の５つの観点を示した。これらをまとめて述べるならば、学級崩壊の要因を早くに察知して要因を取り除き、明るい学級環境の雰囲気を創っていくこと、また子どもの潜在的な心をとらえて、その心に寄り添うとともに、生活集団活動を通じて社会関係力を高めることが重要だということである。さらに、教師の協働的な関係力を見せることが、人間関係の模倣学習となるということである。５つのそれぞれの大きな観点を取り上げる必要性は以下の通りであった。

## 4. 各部の観点と学級経営の基盤的方策

　【Ⅰ　学級崩壊の兆候と要因を取り除く】観点では、潜在的に希薄な人間関係になった学級では崩壊の兆候が出て来るが、崩壊に至る前に兆候をとらえ取り除くことを意識して取り組む必要があるという観点から方策をとらえた。学級崩壊は崩壊状態が始まってからでは手遅れで回復しない場合も少なくない。またいじめは潜在的に見えないところで進行するが、これを見て見ぬふりをすると、教師への信頼も低下し、やがて学級崩壊状態に至る。いじめは見えないところで進行するが、早期にとらえ対応する教師の姿勢が教師への信頼を高める。いじめを放置すれば他のいかなる学級活動も効果がなくなり、学級経営はうまく展開できない。学級崩壊の要因をとらえようとする姿勢、いじめにも毅然と対応する姿勢が、教師への信頼を高め、学級崩壊を予防し、学級経営を発展させていく基盤となる。

　【Ⅱ　明るい学級環境の雰囲気を創る】観点では、何となく醸し出される学級の雰囲気を意識し、明るい学級環境の雰囲気を創ろうとする姿勢が重要であるという観点から方策をとらえた。学級環境は、教師の人間的な雰囲気からも出て来るが、それを行事や教室環境でつくり出そうとする教師の姿勢からも明るい雰囲気は創られる。このために、意識的な教室環境の整備も重要

であるし、年間祝祭行事に合わせた楽しい学級行事の開催も明るい雰囲気を創ることができる。また認め合う学級ルールを意識的につくることで、人間関係を明るくしていく雰囲気も創られる。加えて、学習の相互理解を図る学習ルールづくりも学級の人間関係づくりを意識的に努めようとする雰囲気を高めることができる。このような雰囲気を明るくする取り組みや人間関係のルールづくりも学級経営の基盤となる。

　【Ⅲ　潜在的な子どもの心をとらえる】観点では、表面的に同調行動を取った子どもでも、潜在的な奥深くの不安心理を理解して欲しいという気持ちを子どもは持っており、それを個々にとらえようとする教師の姿勢が、学級を安定させるという観点から方策をとらえた。潜在的な不安心理を理解してくれようとする教師には信頼感を寄せるし、安心感があれば教室の人間関係もつくろうとする。逆に不安感が強くなれば、教室内も人間関係をつくることに臆病になり、最終的にその不安な心理の原因を教師に向けるようになるので、学級は安定しなくなる。人間関係はSNSによってもゆがむしSNSで発散しようともするが、SNS利用マナーなどの人間関係を高めることで、学級の人間関係も安定する。また学校関係者が担任だけでなく組織的に教育相談を進めることで、様々な相性の違いのある子どもの潜在意識を多面的に把握・対応することができ、結果的に学級経営の基盤を安定させることができる。

　【Ⅳ　生活集団活動を通じて社会関係力を高める】観点では、日常的に身体を使った関係性が乏しい子どもたちに対して、生活集団の社会関係力をつくることが学級経営の社会関係力も高めていくという観点から方策をとらえた。体験的な活動や集団遊びも乏しいのであれば、学級活動以外にも体験学習の機会を意識的に奨励し、また遊び集団づくりも日常的につくっていくことで、学級活動以外の生活行動力や社会関係力を高めることができる。これらの生活行動力や社会関係力は当然学級内における生活行動力や社会関係力につながる。また自立を目指す社会的役割や責任感を学級の中で奨励する意識づけをしていくことは、教師の指示がなくても、自らが集団的な関係の中で責任を果たそうとし、学級内の責任と行動を自律的に高めていくことになる。このような学級活動以外の全般的な生活行動力・社会関係力・責任感などは学級経営を安定させる基盤となる。

【V　教師の協働的な関係力を見せる】観点では、教師の協同的な関係が模範的になり、子どもの学級経営の協働的な関係につながるという観点から方策をとらえた。教育では言語的な指示も重要であるが、模倣的な要素が強く影響する。とりわけ教師間の協働的な関係や補完的な雰囲気は、協働活動を推奨する学級活動の身近な模範となる。また教師が個々の子どもに協働的な関係を期待することは、ピグマリオン効果（期待効果）を高め、教師の期待に応えようとする子どもを増やしていく。さらに保護者との情報交換や信頼関係を日常的に高めようとすることは、直接的な学級活動ではないが、子もたちに大きな影響力を持つ。仮に教師が子どもとの関係でトラブルがあっても保護者が子どもを説得したり、子どもの自律的な解決をうながしていくなど、保護者が教師と子どもの調整役を果たしてくれる。このことが学級経営が崩壊していかないための予防効果を与えることになる。このような教師の協働的な関係の模範及び保護者との協働的な関係づくりが、学級経営の基盤となる。

これらの学級経営の基盤を構成する各観点は、これまでの学級経営の方法論に比べて、直裁的に学級経営問題に対処するハウツー方策ではない。しかし元々子どもの人間関係の希薄化が学級経営の課題につながっているとしたら、これらを根本的に考えなければ学級経営も発展しない。

人間関係の信頼関係を基盤にした学級経営を創るためには、子どもたちの希薄な人間関係の現状をまず踏まえ、学級崩壊の兆候となる要素を取り除くとともに、学級の雰囲気づくり・潜在意識の把握・生活集団活動・教師が与える模倣学習など、あらゆる学級経営の基盤づくりを長期的に進めていかなければならない。根本的な学級経営の基盤を安定的に進めるためには、回り道であるように見えるが、学級経営を創る観点を踏まえ、その推進方策を着実に展開していくしかない。

学級経営が安定的に展開できているという教師は、むしろ学級経営の基盤としての人間関係づくりを土台から進めている教師でもある。人間関係の問題は短期的に解決できないし、信頼関係を高める学級経営も短期的にはできないが、学級経営の基盤を創ることで、最終的には学級経営が安定していく。

## 参考文献

### Ⅰ　学級崩壊の兆候と要因を取り除く　（年代順）

○森田洋司・清水賢二著『新訂版　いじめ　教室の病い』金子書房、1994年
○井上裕吉著『生徒指導の効果を高める学級集団経営』明治図書、1996年
○秋葉英則・松浦善満・坪井祥・藤原政俊著『学級崩壊からの脱出』フォーラムＡ、1998年
○尾木直樹著『「学級崩壊」をどうみるか』日本放送出版協会、1999年
○国立教育研究所学級経営研究会編『学級経営の充実に関する調査研究最終報告書』国立教育研究所、2001年
○諸富祥彦著『教室に正義を！　いじめと闘う教師の13か条』図書文化、2007年
○伊藤茂樹編著『リーディングス日本の教育と社会　いじめ・不登校』日本図書センター、2007年
○河村茂雄著『データが語る①学校の課題』図書文化、2007年
○河村茂雄著『日本の学級集団と学級経営 - 集団の教育力を生かす学校システムの原理と展望』図書文化、2010年
○森田洋司著『いじめとは何か - 教室の問題、社会の問題』中公新書、2010年
○門脇厚司著『社会力を育てる』岩波書店、2010年
○加野芳正著『なぜ、人は平気で「いじめ」をするのか？』日本図書センター、2011年
○前田耕司・佐藤千津編著『学校学力から生涯学力へ』学文社、2011年
○野中信行著『必ずクラスを立て直す教師の回復術！』学陽書房、2012年
○吉田順著『いじめ指導の24の鉄則』学事出版、2015年
○トビー・Ｊ・カルテン著、河合紀宗訳『インクルーシブな学級づくり・授業づくり - 子どもの多様な学びを促す合理的配慮と教科指導』学苑社、2016年
○末松裕基・林寛平編著『未来をつかむ学級経営』学文社、2016年
○ハリー・ウォン、ローズマリー・ウォン著、稲垣みどり訳『世界最高の学級経営』東洋館出版社、2017年
○高本英樹著『荒れはじめに必ず効く！学級立て直しガイド』明治図書、2018年
○真下麻理子著『弁護士秘伝！　教師もできるいじめ防止授業』教育開発研究所、2019年
○吉田順著『荒れへの不安がにわか指導につながる』学事出版社、2019年
○俵原正仁著『「崩壊フラグ」を見抜け！』学陽書房、2019年
○合田哲雄著『学習指導要領の読み方・活かし方 - 学習指導要領を「使いこなす」ための8章』教育開発研究所、2019年
○和久田学著『学校を変える　いじめの科学』日本評論社、2019年

### Ⅱ　明るい学級環境の雰囲気を創る

○柴田義松著『学び方を育てる先生』図書文化、1992年
○八尾坂修著『明日をひらく30人学級』かもがわ書店、1999年
○白井利明著『よくわかる学級づくりの心理学』学事出版、2001年
○加藤幸次編著『学習集団の効果的な編成』ぎょうせい、2001年
○全国生活指導研究協議会編『"競争と抑圧"の教室を変える』明治図書、2007年

○松永昌幸編『明るい教室環境づくり12か月　小学校』明治図書、2007年
○千々布敏弥著『教師のコミュニケーション力を高めるコーチング』明治図書、2008年
○伊垣尚人著『子どもの力を引き出すクラス・ルールの作り方』ナツメ社、2011年
○高旗正人著『授業の社会学と自主協同学習』ふくろう出版、2011年
○山田洋一著『子どもとつながる教師・子どもをつなげる教師』黎明書房、2012年
○河村茂雄監修、武蔵由佳・杉村秀充・水上和夫・藤村一夫編『集団の発達を促す学級経営』図書文化、2012年
○青木智子・山村豊編著『子どものための心理学　教育心理学・教育相談・支援』北樹出版、2013年
○甲斐崎博史著『クラス全員がひとつになる学級ゲーム＆アクティビティ100』ナツメ社、2013年
○山崎博敏著『学級規模と指導方法の社会学』東信堂、2014年
○河村茂雄著『学級リーダー育成のゼロ段階』図書文化、2014年
○山崎準二・矢野博之編著『新・教職入門』学文社、2014年
○日本教育経営学会実践推進委員会編『次世代スクールリーダーのためのケースメソッド入門』花書院、2014年
○西川純著『「学び合い」を成功させる教師の言葉かけ』東洋館出版社、2015年
○服部環監修・安齊順子・荷方邦夫編著『「使える」教育心理学（第3版）』北樹出版、2015年
○国立教育政策研究所編『学級規模が児童生徒の学力に与える影響とその過程』国立教育政策研究所、2015年
○勝野正章・庄井良信著『問いからはじめる教育学』有斐閣、2015年
○江越喜代竹著『学級アイスブレイク たった5分でクラスがひとつに！』学陽書房、2016年
○赤坂真二編著『集団をつくるルールと指導 - 失敗しない定着のための心得』明治図書、2016年
○日本レクレーション協会監修・中谷光男編『クラス皆がつながる！プロ直伝の「学級レク」』明治図書、2017年
○会沢信彦著『アドラー心理学を活かした学級づくり』学事出版、2017年
○松村英治・相馬亨著『「学びに向かう力」を鍛える学級経営』東洋館出版社、2017年
○ひまわりの会編『クラスが和む教室環境づくりほっこりアイデア帳』明治図書、2019年
○久我直人著『優れた教師の省察力』ふくろう出版、2012年
○河村茂雄著『アクティブラーナーを育てる自律教育カウンセリング』図書文化、2019年
○阿部利彦・赤坂真二・川上康則・松久眞実著『人的環境のユニバーサルデザイン - 子どもたちが安心できる学級づくり』東洋館出版社、2019年

## Ⅲ　潜在的な子どもの心を捉える
○岸見一郎著『アドラー心理学　よりよい人間関係のために』KKベストセラーズ、1999年
○有村久春著『学級教育相談入門』金子書房、2001年
○津村俊充編著『子どもの対人関係能力を育てる』教育開発研究所、2002年

○佐藤綾子著『非言語的パフォーマンス』東信堂、2003年
○八尾坂修編著『子どもの人間力を育てる学校改善マネジメント』教育開発研究所、2006年
○古荘純一著『日本の子どもの自尊感情はなぜ低いのか』光文社、2009年
○田中孝彦著『子ども理解 - 臨床教育学の試み』岩波書店、2009年
○高階玲治編著『発達に応じた学年・学級経営』教育開発研究所、2010年
○二宮信一・北海道教育大学附属釧路小学校著『児童理解からはじめる学習指導』明治図
　書、2011年
○新井郁男著『学校社会学』樹村房、1994年
○中井孝章著『教育関係×メタ・コミュニケーション』日本教育研究センター、2013年
○竹内和雄著『家庭や学校で語り合うスマホ時代のリスクとスキル』北大路書房、2014年
○会沢信彦・岩井俊憲著『今日からはじめる 学級担任のためのアドラー心理学』図書文化、
　2014年
○安川禎亮著『教育現場の非行少年』北樹出版、2015年
○ポール・タフ著、高山真由美訳『私たちは子どもに何ができるのか - 非認知能力を育み、
　格差に挑む』英治出版、2017年
○折出健二著『対話的生き方を育てる教育の弁証法』創風社、2018年
○中村豊著『「生徒指導提要」の現在を確認する理解する』学事出版、2019年
○青山由紀著『「かかわり言葉」でつなぐ学級づくり』東洋館出版社、2019年
○城ヶ崎滋雄著『「気にならない子」を気にとめる、見落とさない指導法！』学陽書房、
　2019年

## Ⅳ　生活集団活動を通じて社会関係力を高める

○北尾倫彦編著『自己教育力を考える』日本図書文化協会、1987年
○日本道徳性心理学研究会編『道徳性心理学　道徳教育のための心理学』北大路書房、
　1992年
○福島章著『子どもの脳が危ない』PHP、2000年
○林忠幸著『体験的活動の理論と展開』東信堂、2001年
○森昭雄著『ゲーム脳の恐怖』NHK出版、2002年
○ジョン・デューイ著、市村尚久訳『経験と教育』講談社、2004年
○大島清著『感動するとなぜ脳にいいか？』新講社、2005年
○全国生活指導研究協議会常任委員会編『子ども集団づくり入門』明治図書、2005年
○鈴木善次監修、朝岡幸彦・菊池陽子・野村卓編著『食農で教育再生』農文協、2007年
○山口満編著『子どもの「社会的自立」の基礎を培う』教育開発研究所、2007年
○佐藤真編著『体験学習・体験活動の効果的な進め方』教育開発研究所、2007年
○高階玲治編著『生きる力を育てる生徒指導・進路指導』教育開発研究所、2010年
○宮崎隆志編著『協働の子育てと学童保育』かもがわ出版、2010年
○志水宏吉編『格差をこえる学校づくり』大阪大学出版会、2011年
○志水宏吉著『「つながり格差」が学力格差を生む』亜紀書房、2014年
○蘭千壽・越良子編著『ネットワーク論からみる新しい学級経営』ナカニシヤ出版、2015
　年

○能條歩著『人と自然をつなぐ教育 - 自然体験教育学入門』NPO 法人北海道自然体験活動サポートセンター、2015年

○鈴木敏正・降旗信一編著『教育の課程と方法 - 持続可能で包容的な未来のために』学文社、2017年

○二宮信一著『ココロとカラダほぐしあそび』学習研究社、2017年

○深見智一著『単学級担任・複式学級担任の学級経営』ふくろう出版、2018年

○佐藤晴雄著『コミュニティ・スクール　増補改訂版 -「地域とともにある学校づくり」の実現のために』エイデル研究所、2019年

# V　教師の協働的な関係力を見せる

○三隅二不二著『リーダーシップの科学　指導力の科学的診断法』講談社ブルーバックス

○荒木紀幸編著『続　道徳教育はこうすればおもしろい』北大路書房、1997年

○加藤幸次・河合剛英編著『ティーム・ティーチングの考え方・進め方』黎明書房、1986年

○堀井啓幸・黒羽正見編著『教師の学び合いが生まれる校内研修』教育開発研究所、2005年

○志水宏吉著『公立学校の底力』筑摩書房、2008年

○小島弘道編著『学校経営』学文社、2009年

○高階玲治著『教師の仕事術 - 多忙感をどう軽減するか』教育新聞社、2011年

○佐古秀一・曽余田浩史・武井敦史著『学校づくりの組織論』学文社、2011年

○日本学習社会学会編『学習社会とつながりの再構築』学事出版、2012年

○浜田博文編著『学校を変える新しい力』小学館、2012年

○岩田康之・高野和子編著『教職論』学文社、2012年

○天笠茂監修『地域との新たな協働を図る学校づくり』ぎょうせい、2015年

○天笠茂監修『教師としての成長を図る学校づくり』ぎょうせい、2015年

○加藤崇英編著『「チーム学校」まるわかりガイドブック』教育開発研究所、2016年

○武田信子・金井香理・横須賀聡子編著『教員のためのリフレクション・ワークブック』学事出版、2016年

○土作彰著『声に出して読みたい学級通信の「いいお話し」保護者・子どもの心に響かせる!』明治図書、2017年

○宮前耕史他著『持続可能な地域づくりと学校』ぎょうせい、2017年

○永堀宏美著『保護者トラブルを生まない学校経営を保護者の目線で考えました』教育開発研究所、2018年

○日本教育経営学会編『現代の教育課題と教育経営』学文社、2018年

○アネット・ブロー、ハリー・ウォン著、稲垣みどり訳『世界基準の教師の育て方』東洋館出版社、2019年

# おわりに

## 学級経営の基盤づくりのために

右寄せ
棚澤 実

　朝子どもが来る前に出勤した担任教師たちは、誰もいない教室の中で、1日の学級の願いや思いを考えていく。学級経営に臨む担任教師たちは学級のあるべき姿を描きながら、緊張感を持って心の中で気合いを入れているだろう。このような1日の始まりは、教師であれば、誰もが経験ずみであろう。

　一方で、朝の始まりをじっくりと味わう余裕もなく、超特急で進んでいる感覚の教師も多くいるに違いない。学級経営は常に変化しており、常に状況を踏まえてその場において対応しなければならない。学級経営は学校や学年・学級の実態が異なるのであるから、学級づくりを行う担任教師の関わり方や受け止め方も様々であろう。その意味では常に変化する子どもや学級の課題に追われてしまうのが、学級担任が持つ宿命的な役割でもある。

　しかし、どの教師・学校にも言えることは、"学級担任を持つ教師は、たくさんのエネルギーを学級からもらうことができる"ということではないだろうか。そのエネルギーの源は、子どもたちの、何かに真剣に取り組む姿であったり、笑顔であったり、言葉であったり、様々である。もちろん、子どもたちだけではなく、同僚の教師や保護者、地域住民からの励ましや肯定的な言葉であったりする。教師は、このようなエネルギーを学級の子どもたちからたくさん受け取ることで、日々の学級経営や教育活動にも尽力できる。学級内の人間関係づくりを発展させることができ、学級の子ども同士が良い雰囲気になっていく学級には、いっそう安心感とエネルギーをもらうことができるであろう。学級経営をしている担任がエネルギーをもらうのはやはり、教師自らの長期的な働きかけによって学級の集団的な人間関係が良い雰囲気になった学級である。

　教師は、教職1年目の教師であっても、経験が浅くても、経験が豊富でも、学級担任になる。力の差はあれど、担任教師は毎日の授業や生徒指導をはじめ、各種行事への取組や、保護者及び地域住民等と関わりながら、仕事を担っていく。特に、学級を円滑に経営していくためには、異なる家庭環境で

育ち性格も価値観も異なる子どもの実態に配慮し、子ども同士がしっかりと
関わりながら学ぶことのできるようにする教師の適切な指導が欠かせない。
この教師の適切な指導を施すという場合においてももちろん、場当たり的な
対応では、根本的解決に至らないのである。

　そこで本書では、学校現場で発生する多様な問題に対して、ハウツー的な
学級経営の方法理解ではなく、本書を通して学級経営の基盤を創ることにつ
いて認識してもらいたいと考えている。どのような方法を講じたとしても、
個々の方法だけでは長期的な効果が期待できないからである。子どもたちに
とって、安心でき、居場所がある学級の基盤が作られると、一つ一つの方法
もより良い方向に展開していく。そのためには学級の一人一人が認められ、
自分のよさを発揮しながら、何事にも挑戦できる自立した子どもに成長でき
るようにすることが学級の基盤づくりとして期待される。

　このように成長させるための学級の人間関係づくりの基盤が創られなけれ
ば、学級は発展していかない。この学級経営の基盤は、学級崩壊の要因を早
い段階で取り除くと共に、明るい学級環境の雰囲気や子どもの心をとらえる
活動や社会関係力を高める活動をすることなど様々な分野が基盤となってい
る。このような学級経営の基盤を創ることで、長期的に学級は安定していく。
逆に、学級経営の基盤を創ることは時間がかかるが、この基盤を創ることを
していかなければ、学級経営上の問題はいつまで経っても解決していかない
のである。

　本書では、学級経営の基盤を創るために重要な5つの観点を取り上げ、そ
の観点ごとに合計15の対応方策を紹介している。学校現場においては常に目
前の子どもと様々な新しい実践課題に追われている現実はその通りであるが、
本書の提案する学級経営の基盤は、毎日の学級経営を安定させるための基盤
となるものである。長期的な視野でとらえて頂ければ、本書で学級経営の基
盤として提起する観点は、後になってふり返るときにその重要性が理解して
もらえるであろう。

　現代の希薄な人間関係で育っている子どもたちの中では、学級経営は極め
て時間がかかるものであるが、学級経営の基盤がしっかり創られていけば、
必ず学級経営もより良い方向に変化していく。本書を手にした皆さんが、今

後学級経営の構造をとらえ、その全体方策を推進する上で、本書の5つの観点は、学級経営の基盤として必ず寄与するものであろう。

　改めて本書を手にする皆さんの学級経営の基盤が創られ、学級の人間関係と学びを深めていくような学級経営を実現できることを期待している。そして学級経営が最終的に以下のような場となることを期待している。

---

場としての学級
Ⅰ．いじめや学級崩壊はなく、時に友とぶつかることがあったとしても、
　　そのことを通してより密接な人間関係を構築している場
Ⅱ．明るく楽しい学級の雰囲気があり、行事等で一つの目標に向かって
　　積極的に全員で取り組んでいる場
Ⅲ．一人一人の子どもの心をとらえる中で不安も解消され、生き生きと
　　した一人学びを保障できる場
Ⅳ．体験学習や集団を通じて学びの集団として機能し、たくましく生き
　　る力や社会関係力が育まれる場
Ⅴ．先生の後ろ姿からたくさん学ぶことができる場

---

# 執筆分担

## 玉井康之

はじめに
第 1 章
第 2 章
第 3 章
第 4 章
第 5 章
第 7 章
第13章
第14章
終　章

## 川前あゆみ

第 8 章
第 9 章
第10章
第11章
第12章
第15章

## 楜澤　実

Ⅰ 序
Ⅱ 序
第 6 章
Ⅲ 序
Ⅳ 序
Ⅴ 序
おわりに

## 著者紹介

**玉井康之**（たまい・やすゆき）　北海道教育大学副学長・教育学博士

　北海道教育大学釧路校教授・釧路校キャンパス長を経て現職。学会理事・教育委員会の審議会等も多数担う。放送大学BSテレビ番組（地域コミュニティと教育）も担当。著書には『子どもの総合的な能力の育成と生きる力』（編著・北樹出版）、『実践　地域を探求する学習活動の方法』（共編著・東洋館出版）、『コミュニティ教育論』（共編著・放送大学教育振興会）、『地域コミュニティと教育』（共編著・放送大学教育振興会）、『少年の凶悪犯罪・問題行動はなぜ起きるのか』（単著・ぎょうせい）、『学校評価時代の地域学校運営』（単著・教育開発研究所）、『北海道の学校と地域社会』（単著・東洋館出版）等がある。

**川前あゆみ**（かわまえ・あゆみ）　北海道教育大学釧路校准教授・教育学博士

　北海道教育大学大学院・北海道大学大学院博士課程を修了。香川短期大学講師・北海道教育大学講師を経て現職。現在北海道教育大学へき地・小規模校教育研究センター副センター長。著書には、『へき地教育プログラムの研究』（単著・学事出版）、『豊かな心を育む　へき地・小規模校教育 - 少子化時代の学校の可能性』（共編著・学事出版）、『アラスカと北海道のへき地教育』（共編著・北樹出版）、『山村留学と子ども・学校・地域 - 自然がもたらす生きる力の育成』（共編著・高文堂出版）、『山村留学と学校・地域づくり』（共編著・高文堂出版）、『住民自治へのコミュニティネットワーク』（共編著・北樹出版）等がある。

**楜澤　実**（くるみさわ・みのる）　北海道教育大学釧路校准教授

　北海道教育大学釧路校卒業、兵庫教育大学大学院修士課程を修了。北海道教育委員会指導主事・公立小学校教諭・地方教育委員会指導室長・市教育研究所所長・公立小学校校長を経て現職。北海道教育大学へき地・小規模校教育研究センター委員。へき地・小規模校等の学級経営・学校経営などを専門にしている。著書には、『考える道徳を創る「私たちの道徳」教材別ワークシート集』（共編著・明治図書）、『考える道徳を創る　小学校　新モラルジレンマ教材と授業展開』（共著・明治図書）、『教職教養講座 第6巻　道徳教育』（共著・協同出版）等がある。

### 学級経営の基盤を創る5つの観点と15の方策

2020年4月11日　初版第1刷発行

著　者　　玉井康之・川前あゆみ・楜澤 実 ©
発行者　　安部英行
発行所　　**学事出版株式会社**
　　　　　〒101-0021 東京都千代田区外神田 2-2-3
　　　　　電話 03-3255-5471
　　　　　http://www.gakuji.co.jp

編集担当　　花岡萬之
装　丁　　精文堂印刷デザイン室／内炭篤詞
印刷・製本　精文堂印刷株式会社

落丁・乱丁本はお取り替えします。　　　　　　2020 Printed in Japan
ISBN978-4-7619-2622-9　C3037